쉽게 읽는 전래 동화를 통한

한국 문화

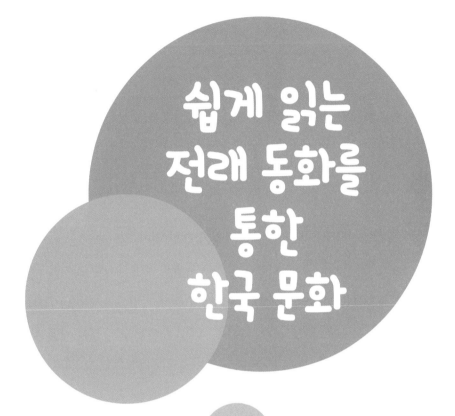

쉽게 읽는 전래 동화를 통한 한국 문화

이지현 지음

《쉽게 읽는 전래 동화를 통한 한국 문화》를 출판하면서…

언어 교육에서 문화 교육을 동반하는 것이 이제는 일반화되어 가고 있습니다. 한국어 교육의 목적이 의사소통 능력을 높이기 위해서 그리고 글을 쓰는 사람이나 말하는 사람의 의미를 분명하게 이해하기 위해서 이제는 문화 교육이 필수라고 생각합니다.

언어를 배우는 궁극적인 목표는 목표어로 능통한 의사소통 능력(Communicative Competence)을 발휘하는 데 있습니다. 이러한 원활한 의사소통과 문화를 통해서 외국인들도 목표어의 감정과 감수성까지 갖춘다면 깊은 언어적 교감이 가능할 것입니다. 그들에게 이제는 읽기, 쓰기, 말하기 등의 기능적인 학습만 고집할 것이 아니라 한국의 문화를 통해 한국어를 통한 의사소통이 원활하게 이루어져야 한국어와 더 친해질 수 있으며, 더욱 가까워질 것입니다.

따라서 외국인 학습자들에게는 이러한 문화 교육이 절실하게 필요하고 중요합니다. 그러나 한국어 학습자에게 가르쳐야 할 한국 문화 교육 내용을 선정하는 것은 매우 어려운 일입니다. 그 이유는 한국 문화의 범위가 매우 넓기 때문입니다. 그리고 문화 교육의 내용이 문화 교육의 목표 및 다양한 국적을 가지고 있는 한국어 학습자들의 특성 및 요구 등이 한국어 교육 현장에 따라 그 다양성과 문화 교육의 성격에 따라 달라지기 때문입니다.

이러한 문화의 다양성은 문화에 대한 본질적인 것으로부터 야기되는 불가피한 것이라고 할 수 있습니다. 이렇게 지금도 진행되고 있는 세계화 속에서 문화의 다양화를 더욱 빨리 진행하는 결과를 보이고 있습니다. 또한, 세계화 속에서 외국인 학습자들에게 한국 문화에 대한 교육은 매우 필수적이라고 생각합니다.

  본 저자는 박사 학위 논문으로 외국인을 위한 영화를 활용한 한국 문화에 대해서 석했습니다. 이제는 영화가 아닌 전래 동화를 통한 한국 문화를 활용하여 외국인들에게 한국 문화의 뿌리를 일깨워 주고 싶어 이렇게 이 책을 출판하게 되었습니다. 이 책을 출판하기 위해 많은 도움을 주신 호서대학교 국어국문학과 교수님이신 김성룡 교수님 그리고 국민대학교 대학원을 졸업하신 최민이 선생님, 끝으로 저를 늘 아껴 주시고 사랑해 주시는 부모님에게 감사의 마음을 전합니다.

  외국인 학습자들이 읽기, 쓰기, 듣기, 말하기 등의 딱딱한 기능적인 교재로만 학습하는 것을 저는 매우 안타깝게 생각합니다. 그래서 이 책을 출판하게 되었습니다.

  외국인 학습자들은 한국의 많은 문화를 통해, 한국의 정을 느낄 수 있는 전래 동화를 통해 한국어를 배운다면 더 많이 깊이 있게 한국어를 배울 수 있을 것이며, 더 가깝게 다가갈 수 있을 것입니다. 이 책을 계기로 외국인 고급 학습자들이 한국 문화에 대해 그리고 한국어에 대해 더 쉽게 이해하길 바랍니다. 추후 외국인 학습자들뿐만 아니라 한국어를 배우는 기초 단계의 외국인 학습자들도 한국 문화를 배울 수 있는 책을 출판할 것을 약속드리겠습니다.

이지현

목차

제1장 한국의 고전 인물

제2장 신비로운 이야기

제1과

효녀 심청

학습 목표

1 내용적인 부분

한국의 효 사상과 효 문화에 대해 알 수 있다.

효녀 심청의 핵심 내용을 이해할 수 있다.

2 문법적인 부분

'-고자 하다', '-ㄴ들'을 사용해서 계획과 가정에 관련된 표현을 할 수 있다.

3 학습 대상

본 학습은 외국인 학습자 중 한국어 능력 4급 이상인 학습자를 대상으로 하며, 외국인 중학교 이상부터 대학생을 대상으로 학습을 진행하고자 한다.

효녀 심청 동화 개요

1. 핵심 등장인물

1 심청

이 이야기의 주인공. 천계의 공주가 하계로 내려와 심 봉사와 곽씨 부인의 딸로 점지된 태몽을 꾸고 태어난 인물로, 태어나자마자 어머니를 잃고 맹인 아버지 심 봉사의 밑에서 성장했다.

② 심학규

통칭 심 봉사. 30이 되던 해 맹인이 되어 버렸으며, 오랫동안 총각으로 늙던 중 곽씨 부인을 만나 결혼하여 심청을 얻지만, 아내가 산독으로 산후 7일 만에 세상을 떠나면서 홀로 딸을 키웠다.

③ 용왕

용궁의 왕. 하늘의 명을 받아 심청의 효심에 감복을 받고 심청을 며칠간 잘 거느려 준 뒤 연꽃에 태워 지상으로 다시 돌려보냈다.

④ 곽씨 부인

심 봉사의 아내이자 심청의 어머니. 심청을 낳은 지 7일 만에 세상을 떠났으며, 이후 천계에서 옥진 부인이란 새로운 이름을 받고 지내던 중 용궁에서 딸과 재회한 뒤 며칠간 즐거운 시간을 보내고 다시 홀로 천계로 돌아갔다.

2. 핵심 내용 및 관련 내용

효녀 심청은 한국의 고전 소설이자 판소리계 소설이다. 이 동화의 핵심은 맹인인 아버지 심 봉사의 눈을 띄우기 위해 공양미 삼백 석에 몸을 팔아 인당수에 몸을 던져 아버지의 눈을 뜨게 한 지극히 효심이 가득한 심청의 이야기를 다룬 한국의 전래 동화이다. 이 전래 동화는 작자는 미상이지만 효녀 지은 설화가 '심청전' 스토리의 모태로 추정되고 있다. 효녀 지은 설화는 아버지를 여의고 홀어머니를 모시고 살던 32살 '지은'이라는 딸이 살림이 어려워 본인을 종으로 팔았고 이 사실을 알게 된 화랑이 그녀의 효심에 감동해 큰 상과 집을 내려 잘살 수 있도록 해 주었다는 이야기다. 홀로 된 부모를 봉양하는 효심 가득한 모습이 심청이가 심 봉사를 위해 삼백 석에 인당수에 빠진 이야기와 유사함을 확인할 수 있다.

효녀 심청 속 한국 문화

대분류	중분류	교수 내용	동화 내용
일상생활	언어생활	한국의 친족 호칭	여보, 마누라
	언어생활	대상과 상황에 따라 달라지는 언어 사용	신첩
가치관	사고방식	유교사상	아버지 봉양(효), 인당수 빠짐
	사고방식	가부장주의	가장 섬김
	사고방식	가족주의	아버지를 위해 인당수 희생
	정서	정	젖동냥, 맹인 잔치
	종교	미신	'부처님이 영검하여 그동안에 눈을 떠서 맹인 잔치 빠지셨나?'
	종교	미신	공양미 삼백 석
	종교	미신	치성을 드리기
	종교	굿	인당수에 빠짐
	종교	한국의 주요 종교	옥황상제(불교)
사회	사회문제	반부 격차	일가친척 도움 없이 가난, 맹인 잔치
정치	정치제도	국가 체제	황후

옛날 옛적에 심학규라는 사람이 살고 있었어요. 심학규는 높은 가문 출신이었지만 가난한 생활을 하고 있었습니다. 게다가 어린 시절부터 눈을 잘 보지 못해 산골에서 힘들게 지내고 있었답니다. 심학규는 주변에 친척도 없이 홀로 힘들게 살았지만, 양반으로서 행동이 올바르고, 정직해 그의 훌륭한 행동에 대해 동네 사람들은 입이 마르도록 칭찬했습니다.

심 봉사 부인 곽씨 부인도 현명하고 아름다웠고 모르는 것 없이 똑똑해 항상 극진하게 조상에게 제사를 지냈고 집에 오는 손님에게도 친절하게 대접했습니다. 또 동네 사람과도 잘 지내며 앞이 보이지 않는 심 봉사를 극진하게 돌보며 살았습니다.

하지만 워낙 가난해 곽씨 부인은 앞이 보이지 않는 심 봉사를 대신해 많은 일을 하며 돈을 벌었습니다. 이웃집의 빨래와 바느질을 해 주고 옷을 지었으며 잔치가 있는 집의 음식을 만들어 주거나 술을 빚기도 했습니다. 이렇게 고생하며 돈을 벌었지만 심 봉사와 함께 행복하게 살아 동네 사람들이 몹시 칭찬하며 지냈습니다.

하지만 이런 부부에게 자식이 없는 것은 한 가지 속상한 일이었답니다.

"여보 마누라, 우리도 자식이 있어야 하지 않겠소? 나이가 사십이지만 자식도 없이 사니 조상님을 볼 낮이 서지 않구려. 거기에 나중에 우리가 죽으면 장례를 치러 줄 자식이 있어야 하지 않겠소?"

이 말을 들은 곽씨 부인은 귀여운 아기를 낳을 수 있게 해 달라고 매일 치성을 드렸습니다. 그렇게 고운 딸을 얻게 된 심 봉사 부부는 딸 이름을 '심청'이라고 지었습니다. 예쁜 딸을 얻고 행복할 줄만 알았던 심 봉사 부부는 곧 슬픈 일을 겪게 됐습니다.

바로 현명하고 어진 곽씨 부인이 병으로 죽고 말았답니다. 그날 이후로 심 봉사는 앞도 보이지 않는 상황에서 열심히 심청을 키웠습니다. 심 봉사의 딸에 대한 사랑과 달리 아기 심청이는 엄마 젖을 먹지 못해 점점 기운이 없어졌고 심 봉사는 고민 끝에 주변 아주머니들에게 도움을 청했습니다.

"혹시 가능하다면 제 딸에게 젖을 먹여 줄 수 있소?"
"아이고 깜짝이야. 무슨 일이에요?"
"우리 딸, 심청이가 엄마를 잃고 제대로 젖을 먹지 못하고 있답니다. 불쌍한 우리 딸에게 젖을 나눠 주시오."

심 봉사의 사연을 들은 우물가 아주머니들은 그 사정이 딱해 젖을 나눠 주었습니다.

"앞으로 어렵게 생각하지 마시고 도움이 필요하면 우리에게 또 찾아오세요."

심청이는 주변 이웃들의 도움과 사랑으로 무럭무럭 자라났습니다. 그러던 어느 날 심 봉사는 옆 동네까지 외출을 다녀왔습니다. 하지만 앞이 보이지 않던 심 봉사는 비탈길에 발이 삐끗해 넘어졌고 결국 흐르는 개천물에 풍덩 하고 빠져 버렸습니다.

개천물에 빠진 심 봉사는 옷이 젖고 얼굴에 진흙을 잔뜩 튀기며 살려 달라고 외쳤습니다. 앞이 보이지 않아 심 봉사는 더욱 무서웠답니다.

"사람 살려! 지나가는 사람이 있다면 살려 주시오!"

하지만 심 봉사가 살려 달라며 몸을 허우적거릴 때마다 더욱 깊게 빠져 버렸습니다.

"어푸어푸! 살려 주시오! 앞이 보이지 않아 혼자 나갈 수가 없소."

바로 그때 길을 지나가던 스님이 심 봉사의 소리를 듣고 다가왔습니다. 스님은 심 봉사의 모습을 보고 깜짝 놀라 입고 있던 옷을 벗고 개천물로 한달음에 뛰어들었습니다.

"조금만 기다리시오!"

스님은 심 봉사를 한달음에 안아 올렸습니다.

"어여차!"

심 봉사는 스님 덕분에 목숨을 구했고 심 봉사는 신세 한탄을 했습니다. 이야기를 들은 스님은 딱한 심 봉사의 이야기에 공감했습니다.

"당신, 눈을 뜨고 싶소?"
"아, 그럼요. 눈을 뜨고 싶죠."
"우리 절 부처님은 빌어서 안 되는 일이 없소. 그러니 부처님께 공양미 삼백 석을 시주하시오. 그렇게 하면 당신 눈은 바로 뜰 수 있게 되오."

스님의 이 말을 들으니 심 봉사는 '옳다구나!' 했습니다. 심 봉사는 자신의 눈을 뜨고자 공양미 삼백 석을 약속했습니다. 하지만 스님은 심 봉사의 넉넉하지 못한 옷차림을 보고 공양미 삼백 석을 시주할 수 없다고 생각했습니다.

"공양미 삼백 석을 정말 시주할 수 있소? 당신 옷과 모습을 보니 삼백 석을 낼 수 없어 보이오."

삼백 석을 시주할 수 없어 보인다는 말을 듣고 심 봉사는 무척 화를 냈습니다. 그러자 스님은 심 봉사를 말리고 이내 웃으며 '심학규 공양미 삼백 석.'이라 적으며 "꼭 시주하시오."라고 당부했습니다.

집에 온 심 봉사는 곰곰이 공양미 삼백 석을 도저히 마련할 수 없는 본인의 상황을 떠올렸습니다.

'가난한 우리 살림에 공양미 삼백 석 시주는 무리구나.'

심 봉사는 후회했지만 이미 때는 늦어 버렸어요. 매일 끙끙 앓는 심 봉사를 보고 심청이는 걱정한들 소용이 없었습니다.

"아버지, 무슨 일이 있으십니까?"
"아니다. 아무 일도 없다."
"그런데 왜 그렇게 걱정이 많으신가요?"

그러자 심 봉사는 울며 솔직하게 이야기했습니다.

"내가 얼마 전 길을 가다 개천에 빠졌고 지나가던 스님이 내 목숨을 살려 주었다. 그 스님이 말씀하시길 공양미 삼백 석을 시주하면 내 눈을 뜨게 할 수 있다고 했단다. 하지만 내가 도저히 삼백 석을 구할 방법이 없구나!"

고민하던 심청은 동네 사람들이 이야기했던 뱃사람들이 떠올랐습니다. 동네에서는 뱃사람들이 바다 용왕을 달래기 위해 제물로 젊은 여성을 찾고 있었습니다.

'마침 비용도 공양미 삼백 석이라 했었어. 그 돈이면 아버지 눈을 뜨실 수 있겠다.'

심청은 심 봉사의 눈을 뜨게 하기 위해 뱃사람들을 따라나서기로 했습니다. 심 봉사는 이 사실을 알고 마당에 주저앉아 울었습니다.

"심청아, 내 눈을 뜨기 위해 너를 보낼 수 없다."

하지만 이미 심청은 심 봉사의 눈을 뜨게 하기 위해 쌀 삼백 석을 받았고 집을 떠났답니다. 뱃사람을 따라 떠난 심청은 배를 타고 한참을 갔습니다. 곧 배는 멈췄고 그곳은 '인당수'였습니다. 파도는 집채만큼 높게 쳤고 바람은 거칠게 몰아 불어 뱃사람들은 모두 부랴부랴 고사상을 차렸답니다.

"용왕신이시여, 노여움을 푸소서!"

뱃사람들의 재촉으로 심청이는 뱃머리로 향했고 공손하게 두 손을 모아 기도했습니다.

"비나이다. 앞을 못 보시는 우리 아버지가 어두운 눈을 뜨시고 밝고 즐거운 세상을 보실 수 있도록 해 주소서."

곧 심청은 인당수에 뛰어들었고, 그녀가 입은 한복 치마가 한 송이 꽃처럼 퍼지더니 이내 물속으로 가라앉았습니다.

바로 그때 옥황상제는 심청이의 효심(孝心)에 감동해 용왕에게 명령을 내렸습니다.

"효녀 심청이가 행복하게 살 수 있도록 용궁에서 돌봐 주거라."

명령을 받은 용왕은 부하 신하들을 보내 심청을 데려와 극진하게 보살폈습니다. 용왕 또한 심청이의 효심에 감동해 '다시 살려 주는 것이 좋겠다.' 생각했고 심청이가 행복하게 살 수 있도록 인당수 밖으로 데려다주었습니다.

때마침 인당수를 지나던 왕이 타고 있던 배가 용왕의 도움으로 다시 물 밖에 나오게 되었고, 왕은 심청을 보게 되었습니다. 왕은 큰 꽃봉오리 속 심청을 보며 손가락을 가리켰습니다.

"저 멀리 보이는 꽃봉오리가 무엇이냐?"
"꽃봉오리 속에 사람이 있는 것 같아요."
"얼른 가서 꽃봉오리를 건져 보거라."

신하들이 건져 온 꽃봉오리 속에서는 용왕이 보낸 심청이가 타 있었고 한눈에 반한 왕은 심청이에게 청혼했습니다.

왕이 마음에 들었던 심청이도 흔쾌히 왕을 따라 궁으로 갔답니다. 하지만 시간이 흘러 궁에서 행복하게만 살 것 같던 심청은 심 봉사 생각에 마음이 무거웠습니다. 홀로 남은 심 봉사가 눈은 떴을지, 식사는 잘 하는지 걱정거리가 한두 개가 아니었습니다.

"황후는 얼굴에 걱정이 많은데 무슨 일이 있소?"

1. 이 동화의 주인공 및 등장인물 이해하기

1 이 동화 속 등장인물 중 주인공은 누구인가요?

2 이 동화에서 가장 관심 있는 등장인물은 누구인가요?

3 여러분은 이 동화의 등장인물 중에서 어떤 인물이 되고 싶은가요?

2. 사건이 일어난 장소 및 배경

1 심청이는 심 봉사의 딸로서 어떻게 살고 있었는지 자세히 써 보세요.

2 심청이가 인당수로 끌려가게 된 까닭은 무엇일까요?

3 심청이가 부처님께 공양미 삼백 석을 시주한 이유를 자세히 설명해 보세요.

3. 전래 동화의 배경 이해하기

1 '심청전'이라는 제목을 보고 무엇이 느껴졌는지 설명해 보세요.

2 사건의 배경은 무엇인지 설명해 보세요.

3 '심청전'에서 심 봉사의 눈은 어떻게 뜨게 되었나요?

효녀 심청을 통한 한국 문화 이해하기

1 효녀 심청에 나타난 '효' 문화와 여러분의 '효' 문화의 비슷한 점과 다른 점을 생각해 보고 써 보세요.

2 효녀 심청에는 다양한 한국 문화가 나옵니다. 그 문화들 가운데 여러분은 어떤 문화가 가장 마음에 들었나요? 그렇다면 그 한국 문화가 왜 마음에 들었는지 그 이유도 써 보시기 바랍니다.

21

1 효: 어버이를 잘 섬기는 일.

2 신첩: 여자가 임금을 상대하여 자기를 낮추어 이르던 일인칭 대명사.

3 봉양: 부모나 조부모와 같은 웃어른을 받들어 모심.

4 인당수: '심청전'에 나오는 깊은 물로 심청이 공양미 삼백 석을 구하기 위해 자기를 제물로 팔아 이곳에 빠졌다.

5 공양미: 부처에게 바치는 쌀.

6 옥황상제: 흔히 도가(道家)에서, '하느님'을 이르는 말.

7 맹인: '시각 장애인'을 달리 이르는 말.

8 황후: 황제의 정실부인.

9 치성: 신이나 부처에게 지성으로 비는 일 또는 정성을 다함.

1️⃣ 언어생활:

2️⃣ 사고방식:

3️⃣ 정서:

4️⃣ 종교:

5️⃣ 사회문제:

6️⃣ 정치제도:

심 봉사는 자신의 눈을 뜨고자 공양미 삼백 석을 약속했어요.

1 '-고자 -하다'

이 문법은 어떤 행동의 목적이나 의도, 희망을 나타내는 연결 어미 (동사나 '이다, 아니다'에 붙어) 말하는 이가 어떤 행위를 하는 목적이나 의도를 표현하기 위해 사용되는 문법이다. 이 문법은 주로 문어에 쓰인다.

예시

· 그녀는 일을 성공하고자 밤낮으로 열심히 노력했다.

· 우리는 서둘러 도착하고자 빨리 집을 나섰다.

· 대한민국에서는 청년들의 일자리를 늘리고자 그에 방법을 세웠습니다.

· 김민준 씨는 장관이 되고자 열심히 일했습니다.

· 샤오잉은 학교 선생님을 만나고자 교무실에 갔다.

연습

· 그녀는 책임자로부터 칭찬을 (받고자) 열심히 일했다.

· 그녀는 책임자로부터 칭찬을 받지 (않고자) 일부러 노력하지 않았다.

· 수영이는 회의를 (하고자) 사무실로 찾아왔다.

· 수영이는 회의를 안 (하고자) 사람들을 피해 다녔다.

매일 끙끙 앓는 심 봉사를 보고 심청이는 걱정한들 소용이 없었어요.

② '-ㄴ들'

이 문법은 어떤 상황을 가정한다고 하여도 그 결과가 예상과 다른 내용임을 나타내는 문법이다.

주로 뒤에 부정적인 내용이 오고, '이다' 받침이 없거나 ㄹ 받침인 동사와 형용사 뒤에 붙여 쓴다.

예시

· 이미 지나간 과거 일인데 후회한들 무슨 소용이 있겠니.
· 집에 간들 반길 사람도 없으니 별로 들어가고 싶지 않다.

연습

· 시험을 못 봐서 (걱정한들) 무슨 소용이 있겠니.
· 명예를 (얻은들) 건강이 이 지경인데 무슨 소용이 있겠니.

1. 여러분이 이 동화를 읽고 느끼게 된 점과 통화를 통해 배우게 된 것을
   자유롭게 써 보세요

1 마인드맵(생각 나무 활용) 그려 보기

2 마인드맵의 어휘를 사용하여 장문으로 작성하기

2. 여러분이 이 동화에서 배우게 된 교훈은 무엇인지 자유롭게 써 보세요

효녀 심청에서 두드러지는 한국 문화는 바로 '효(孝)'이다. '효'란 부모에게 경애의 감정을 가지고 갖는 행동으로 한국의 효는 유교적인 효 사상에 뿌리를 두고 있다. 특히 '유교'에서는 부모에 대한 효가 모든 도덕 규범의 기초다(한국민족문화대백과사전).

유교에서 '삼강오륜'과 '인의예지신'을 기본 사상으로 효 문화를 널리 퍼트렸는데 당시 조선인들은 정신 속 가장 중요한 가치로 효 정신을 가지고 있었다. 효는 단순히 '봉양'뿐 아니라 '공경'하는 마음이 핵심인데 한국 문화에서 두드러지게 나타나는 문화이다.

'심청전'에서는 눈이 먼 심 봉사의 눈을 뜰 수 있도록 심청이가 공양미 삼백 석을 마련하기 위해 인당수에 몸을 던진다. 아버지를 위해 효심이 깊은 딸 심청이가 공양미 삼백 석을 구하고자 한 선택이다. 또한 심청이는 용궁에서 나와 황후가 된 이후에도 아버지를 잊지 않고 봉양하기 위해 찾는 행동을 한다. 이 또한 효녀 심청에서 주인공이 가지고 있는 효심을 확인할 수 있다.

이 전래 동화는 작자는 미상이지만 효녀 지은 설화가 '심청전' 스토리의 모태로 추정되고 있다.

효녀 지은 설화는 아버지를 여의고 홀어머니를 모시고 살던 32살 '지은'이라는 딸이 살림이 어려워 본인을 종으로 팔았고 이 사실을 알게 된 화랑이 그녀의 효심에 감동해 큰 상과 집을 내려 잘살 수 있도록 해 주었다는 이야기다. 홀로 된 부모를 봉양하는 효심 가득한 모습이 심청이가 심 봉사를 위해 삼백 석에 인당수에 빠진 이야기와 유사함을 확인할 수 있다.

효녀 심청을 읽을 때 심청이가 가진 효심에 집중해 이야기를 따라가는 것이 효녀 심청 속 한국 문화를 파악하는 데 가장 큰 도움이 될 수 있다.

생각해 보기

1 효녀 심청에서 '효' 문화가 확인되는 장면은 어떤 것이 있나요?

2 효녀 지은 설화를 효녀 심청과 비교하면 어떤 차이점이 있나요?

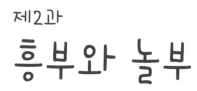

제2과

흥부와 놀부

학습 목표

1 내용적인 부분

한국의 유교 사상에 대해 알 수 있다.

한국의 전통 음식에 대해 알 수 있다.

한국의 호칭 문화에 대해 알 수 있다.

2 문법적인 부분

'-수 있다', '-수 없다'에 대한 문법을 배울 수 있다.

3 학습 대상

본 학습은 외국인 학습자 중 한국어 능력 4급 이상인 학습자를 대상으로 하며,
외국인 중학교 이상부터 대학생을 대상으로 학습을 진행하고자 한다.

흥부와 놀부 동화 개요

1. 핵심 등장인물

1 흥부

남보다 열심히 살기 위해 노력하지만 당시 사회적 모순으로 희생하는 주인공이
다. 그러나 제비가 물고 온 박으로 부자가 되어 다른 사람들에게 나누어 주는 공동
체적 삶의 정신을 보여 준다.

2 놀부

매우 악한 심성을 가지고 있고 동생 흥부를 집에서 쫓아낸다. 재물이 뒷받침되어 윤리 규범을 깨뜨려 나가며 사회적 모순을 심화시키는 주인공이다. 그 후에 심한 욕심으로 인해 패망하지만 착한 흥부의 도움을 받아 다시 살 수 있게 된다.

3 제비

월동하기 위해 중국 강남으로 매년 겨울 날아가는 철새로, 흥부가 제비 새끼의 다리를 치료해 주어 살아난다. 제비는 이듬해 춘삼월 어느 날 박씨(보은박) 하나를 물고 흥부의 집으로 돌아와 흥부에게 은혜를 갚는다. 당대 민중의 삶의 이치인 '권선징악'을 형상화시켜 주는 소재로도 볼 수 있다.

4 놀부의 처

흥부가 밥을 구걸하러 왔을 때, 밥풀이 묻은 주걱으로 흥부의 뺨을 치는 등 놀부 못지않게 흥부를 괴롭힌다.

2. 핵심 내용 및 관련 내용

놀부는 매우 심한 욕심쟁이로 먹을 것도 없는 동생 흥부를 쫓아낸다. 착하기만 한 흥부는 어느 날 제비 한 마리가 다리를 다친 채 마당에 떨어져 있는 것을 발견하고 정성껏 약을 발라 치료를 끝까지 잘 해 주어서 돌려보낸다.

그 이듬해 돌아온 제비는 박씨 한 알을 흥부에게 안겨 준다. 흥부는 박씨를 정성껏 심는다. 가을이 되어 박이 커지자 흥부는 그 박을 탄다. 그 속에서 수많은 금은 보화가 쏟아져 나와 흥부는 하루아침에 부자가 된다.

흥부와 놀부의 원제목은 '흥부전(興夫傳)'으로 조선 시대의 작품이며 작자 미상의 고전 소설로 빈부격차에 대한 비판적 내용으로 전해 오고 있다.

또한, 한국에서 널리 알려진 이야기이며, 이 동화의 유래는 국문본으로 '흥보전(興甫傳)' 또는 '놀부전'이라고도 한다.

'춘향전'이나 '심청전'과 같이 판소리 계열에 속하는 소설이며, 불합리한 당시 세태를 비판하고 비꼬는 내용과 권선징악의 테마를 가지고 있다. 판소리 '흥보가'가 바탕이 되어 만들어진 판소리계 소설이다.

흥부와 놀부 속 한국 문화

대분류	중분류	교수 내용	동화 내용
일상생활	식생활	한국인의 주식(밥)	밥
	식생활	한국의 전통 음식	간장, 고추장, 된장
	식생활	한국의 전통 음식	장독대
	주생활	한국의 주거 형태	기와집
	언어생활	한국의 친족 호칭	형님, 형수님
	가정생활	가정 방문 예절	"형님 집에 오면서 예의 없이 아무것도 들고 오지도 않느냐?" 놀부 집에 부탁하러 올 때 빈손으로 방문한 흥부
가치관	사고방식	유교 사상	못된 놀부를 형으로 존중하는 흥부
지리	기후	한국의 계절	가을

옛날 옛적 한 마을에 연 생원이라는 양반이 살았습니다. 연 생원에게는 두 아들이 있었는데 형은 '놀부', 동생 이름은 '흥부'였답니다. 연 생원은 자식들을 사랑으로 열심히 키웠답니다.

두 형제는 어릴 적부터 성격이 달랐습니다. 같은 부모 밑에서 교육을 받고 생활했지만, 형인 놀부는 심술 맞고 동생 흥부는 착하기로 유명했습니다. 동생 흥부는 부모님에 대한 효심이 가득했고 형인 놀부에게도 우애가 극진해 좋은 것이 있다면 꼭 형과 나누었습니다.

반면 놀부는 정반대였습니다. 동생인 놀부에 대한 애정이 조금도 없었고 좋은 것은 본인만 가지려고 하는 등 항상 심술을 부렸답니다. 놀부의 심술 맞음은 온 동네에 소문이 자자했습니다.

술을 마시고 지나가는 사람들에게 욕을 하고, 거기다 아무런 잘못도 없는 사람들한테 시비를 걸어서 싸움을 즐기고 거기다 초상이 난 집에 찾아가 춤추기를 하는 등 놀부의 못된 마음씨는 유명했습니다.

시간이 흘러 나이를 먹을수록 놀부는 더욱 마음이 나빠졌는데 길 가던 임신한 모르는 부인의 배를 걷어차거나 똥을 누고 있는 사람을 몰래 뒤에서 눌러 주저앉게 하고 열심히 키운 애호박에 말뚝을 다 박아 버리는 일도 있었죠.

"애 놀부야, 흥부에게 잘해 주고 사람들한테 착하게 행동하거라."

어느 날 놀부의 심술 맞은 모습을 본 부모님이 놀부에게 말했습니다. 하지만 못된 놀부는 들을 체도 하지 않고 그 길로 흥부를 괴롭혔답니다.

놀부의 심사가 이렇게 뒤틀려 있어 마치 어두운 밤하늘 속 가려진 별을 찾을 수 없을 정도로 그 흉악한 마음을 알아챌 수 없었지만 흥부는 모든 일에 성실했습니다. 특히 인품이 워낙 인자하고 온화해 놀부가 하는 행동을 보고 안타까워했답니다.

어느 날 비가 억수같이 퍼붓는 날이었습니다. 비가 너무 많이 내려 앞이 안 보일 정도였습니다. 그날 놀부는 몰래 밖으로 나가 옆집으로 향했답니다. 옆집에 있는 장독대를 바라보던 놀부는 몰래 장독대 뚜껑을 열었습니다. 장독대 안에는 옆집에서 직접 담가 저장해 둔 간장과 고추장, 된장이 잔뜩 들어 있었습니다.

놀부가 장독대 뚜껑을 연 그 순간 "쏴-" 큰 소리로 떨어지는 빗물은 사정없이 장독대로 떨어졌습니다. 일 년 동안 열심히 담가 놓은 맛 좋은 간장과 된장, 고추장은 빗물을 맞으며 망가져 갔답니다.

그 모습을 지켜보던 흥부는 놀부를 말렸습니다.

"형님, 이러지 마시오."
"이거 놓고 너는 너 갈 길이나 가거라. 신경도 쓰지 말아라, 이놈아."

이렇게 흥부는 놀부가 심술궂게 행동할 때마다 말렸지만, 놀부는 말을 듣지 않았습니다. 하지만 흥부는 기분 상하지 않고 어진 마음으로 놀부가 악행을 저지르고 구박해도 이해했답니다.

그렇게 시간이 흐른 어느 날, 형제 부모님은 나이가 들어 죽게 되었습니다.

놀부는 나쁜 마음으로 부모님이 물려주신 수많은 보물과 재산을 모두 가졌답니다. 흥부는 재산을 한 푼도 남겨 주지 않은 놀부를 원망하지 않았습니다.

놀부는 부모님의 제삿날에도 제사상은 하나도 준비하지 않고 흥부에게 조금 돈을 줄 뿐이었습니다. 흥부는 그 적은 돈으로 정성껏 제사상을 차렸지만 돌아오는 놀부의 말은, "고작 이거뿐이냐? 내가 준 돈은 어디에 썼느냐?"라며 타박만 할 뿐이었죠. 심지어 놀부는 집에서 흥부 가족을 내쫓을 궁리를 했습니다.

"내 동생 흥부야, 어릴 때는 우리가 같이 살았지만 이제 결혼을 하고 각자 처자식이 있지 않니? 이제는 각자 따로 사는 것이 옳다. 너는 너의 가족을 모두 데리고 나가 살아라."

흥부는 갈 곳도 없이 처자식을 모두 데리고 나갔습니다. 어디서 살지 막막했던 흥부는 간신히 새벽이슬을 막을 수 있는 언덕 밑을 찾았습니다. 흥부의 가족들은 옹기종기 모여 밤을 꼬박 지새웠답니다.

다음 날부터 흥부는 자식들을 시켜 수숫대를 모아 오게 했습니다. 하루 꼬박 수숫대를 모은 흥부 가족은 그것들을 엮어 집을 만들기 시작했습니다. 완성된 집은 정말 작았습니다. 방에 누워 자기 위해 다리를 쭉 뻗으면 발목이 벽 밖으로 나가고 팔을 쭉 펴 보면 손목이 벽 밖으로 나갔답니다.

거기다 흥부 가족은 음식조차 먹을 수 없었습니다. 물려받은 재산도 없던 흥부는 밥을 사 먹을 돈도 없었고, 농사를 지을 수 있는 땅조차 없었기 때문에 힘든 시간을 보낼 수밖에 없었습니다.

"여보, 우리 애들이 먹을 것이 없어 배가 고파 울고 있습니다. 이걸 어떻게 하면

좋을까요?"

흥부의 부인은 배고파 우는 아이들을 보며 속상해 흥부에게 말을 했습니다. 배가 고파 우는 아이들과 속상해하는 부인을 보던 흥부는 결심을 했습니다.

"내가 형님에게 가 먹을거리와 돈을 좀 빌려 와 보겠소."

흥부는 그 길로 놀부를 찾아갔습니다.

"형님, 저 흥부가 왔습니다. 저희 가족이 지금 먹을 것이 없어 배를 곯고 있습니다. 제발 부탁이니 밥 조금과 돈을 빌려주세요."

흥부는 놀부에게 빌며 공손히 부탁을 했습니다. 하지만 놀부는 호랑이 같은 눈을 하며 호통을 쳤습니다.

"아니, 너는 정말 염치도 없구나! 형님 집에 오면서 예의 없이 아무것도 들고 오지도 않느냐? 그리고 아무런 대가도 없이 뻔뻔스럽게 나에게 밥과 돈을 원하느냐?"

흥부는 강경한 놀부를 보며 울며 부탁했습니다.

"돈을 조금이라도 빌려주시면 저희 가족이 하루를 삽니다. 돈은 제가 일해 꼭 갚을 테니 한 번만 도와주세요."
"내가 쌀이 아무리 많아도 우리 집에 있는 돼지와 소를 주는 것이 낫다. 얼마 전 새끼를 낳은 돼지가 있고 큰 소는 팔면 그 금액이 네 필인데, 너를 주자고 그것들을 굶기겠냐?"

홍부는 멈추지 않고 부탁했지만 놀부는 화가 머리끝까지 났습니다. 그러더니 몽둥이를 잡고 홍부를 흠씬 두들겨 팼습니다. 사정없이 홍부를 때리며 집에서 나가라고 소리를 질렀답니다.

너무 많이 맞은 홍부는 그 길로 집으로 돌아가기 위해 발걸음을 돌렸습니다. 그때 놀부네 부엌에서 맛있는 밥 냄새가 났답니다. 마침 밥을 푸는 놀부 부인을 본 홍부는 마지막 부탁이라도 해 보자 싶어 뛰어갔습니다.

"형수님, 밥 한 술만 떠 주세요. 저희 가족이 굶고 있습니다."

하지만 놀부 부인 또한 놀부만큼 못됐기 때문에 들고 있던 주걱을 높게 올려 홍부의 뺨을 때렸습니다. 놀부 부인에게 뺨을 맞은 홍부는 하늘이 노래지며 어질했습니다.

"어딜 들어오는 거요? 썩 나가세요!"

홍부는 정신없는 상태에서 맞은 볼을 쓰다듬으니 밥풀이 잔뜩 붙어 있었습니다. 홍부는 얼른 볼에 묻은 밥풀을 쓸어 입으로 가져갔답니다. 홍부는 빈손으로 집에 돌아와 미안할 따름이었습니다. 홍부가 맞고 온 모습을 본 부인은 눈물을 흘리며 홍부를 다독였습니다.

그날 이후 홍부와 홍부 아내는 닥치는 대로 일을 하며 열심히 살았답니다. 하지만 열심히 살았음에도 그들의 살림은 나아지지 않았습니다. 하지만 홍부 부부는 항상 사람들에게 친절했고 어진 마음으로 지냈답니다.

그러던 어느 날 홍부 집에 제비가 둥지를 틀어 살기 시작했습니다. 제비는 그 둥

지에 알을 낳아 새끼를 키웠답니다. 그런데 하루는 큰 구렁이가 나타나 제비 새끼와 제비를 공격했습니다. 그 모습을 보고 흥부는 큰 장대로 구렁이를 몰아내 제비를 지켜 줬답니다.

제비는 이 사고로 다리가 부러졌는지 제대로 날지 못했습니다. 흥부는 이 모습을 보고 정성껏 치료해 줬습니다. 제비는 치료를 받은 다리로 멀리 강남으로 떠났답니다.

제비는 훨훨 날아 제비 나라에 도착했습니다.

"너는 어찌하여 다리를 절며 돌아왔느냐?"

다친 다리를 보고 제비 왕은 물었고 제비를 그동안 있었던 일을 모두 이야기했습니다.

"흥부는 정말 어질고 좋은 사람이다. 박씨를 하나 줄 테니 너는 가서 흥부에게 은혜를 갚도록 해라."

제비는 박씨를 받아 들고 흥부의 집으로 향했답니다. 박씨를 받은 흥부는 제비 덕분에 박을 키워 먹을 수 있게 돼 기뻐 물을 가져와 주고 정성껏 키웠습니다. 박은 빠르게 자랐습니다. 드디어 박이 열리는 가을이 되었고 흥부는 박을 켜기 위해 톱을 가져왔습니다.

첫 번째 박을 켜자 굉장히 많은 금은보화와 약재, 술이 쏟아져 나왔습니다. 두 번째 박에서는 고급 가구와 책들이 나왔고 세 번째 박에서는 많은 곡식과 집을 짓는 목수, 일을 하는 하인이 나왔습니다. 그 이후에 켠 박에서도 예쁜 옷과 재산들이 나와 흥부와 가족들은 행복한 시간을 보냈습니다. 어질게 살던 흥부에게 제비가 가져다준 행운이었던 것이었습니다.

이 소식을 들은 놀부는 자신보다 부자가 된 흥부에게 질투가 났습니다. 그래서 비결을 물어보기 위해 한달음에 달려갔습니다.

"흥부야 흥부야, 너는 어떻게 해서 갑자기 이렇게 부자가 됐니?"

흥부는 웃으며 형에게 제비와 박씨에 대해 이야기했습니다.

"형님, 제가 구렁이에게 잡아먹힐 뻔한 제비를 구해 준 적이 있습니다. 다친 다리를 치료해 주었더니 다음 해에 제비가 박씨를 하나 가져왔더라고요?"
"그걸 심었더니 이렇게 좋은 재산들이 나왔다는 것이냐?"
"네, 그렇습니다. 형님."

놀부는 흥부의 말을 듣고 집으로 뛰어가 부인을 불렀습니다.

"여보! 흥부가 부자가 된 것은 다 제비 때문이었소. 제비를 빨리 찾아보세요!"

놀부와 놀부 부인은 집을 뒤져 제비를 한 마리 찾았고 얼른 잡아 다리를 부러뜨렸습니다.

"네 다리를 내가 고쳐 주마. 나에게도 박씨를 가져와 주거라."

제비는 놀부 때문에 다친 다리에 대충 감긴 붕대를 달고 제비 나라로 돌아갔고, 흥부와 마찬가지로 박씨를 물어다 주었습니다.

"이제 우리도 부자요!"

놀부는 얼른 박씨를 심었고 그해 가을 놀부 집에는 흥부 집처럼 박들이 주렁주렁 열렸습니다. 하나씩 박을 켜기 시작한 놀부는 설레는 마음을 감출 수 없었습니다.

"이제 나도 부자다. 흥부보다 더 큰 부자가 될 테야."

그런데 이게 무슨 일인지 첫 번째 박에서는 더러운 오물이 잔뜩 흘러나왔습니다.

"아이고, 이게 뭐야? 상한 박이었나 보다. 두 번째 박을 가져오거라."

두 번째 박을 켜자 그 안에서 방망이를 든 도깨비가 튀어나왔습니다.

"네 이놈, 놀부야! 너의 못된 마음을 고쳐 주러 내가 왔다!"

튀어나온 도깨비들은 온 집 안을 헤집으며 부시기 시작했습니다.

"아구구, 살려 주세요."

놀부의 비명에도 아랑곳하지 않고 도깨비들은 재산과 고래 등 같은 기와집을 부쉈고 첫 번째 박에서 나온 오물 때문에 집은 더 엉망이 됐답니다. 결국 놀부는 가지고 있던 집과 재산을 몽땅 잃고 빈털터리가 되었습니다. 낙심한 놀부는 가족들과 엉망이 된 집에서 울음을 터트렸습니다.

흥부는 이 소식을 듣고 놀부를 찾아왔습니다. 그동안 못되게 군 놀부였지만, 형이기 때문에 흥부는 놀부에게 먼저 손을 내밀었습니다.

"형님, 울지 마시고 저와 함께 가세요. 저희 집에서 이제 앞으로 우리 두 형제가 사이좋게 잘 지내봅시다."

이후 흥부와 놀부는 더 이상 싸우지 않고 행복하게 잘 살았답니다.

동화 내용 이해하기

1. 이 동화의 주인공 및 등장인물 이해하기

1 이 동화 속 등장인물 중 주인공은 누구인가요?

2 이 동화에서 가장 관심 있는 등장인물은 누구인가요?

3 여러분은 이 동화의 등장인물 중에서 어떤 인물이 되고 싶은가요?

2. 사건이 일어난 장소 및 배경

1 이 동화에서 핵심 사건은 무엇이라고 생각하나요?

2 이 동화에서 그 사건은 왜 일어났나요?

3 이 동화에서 핵심 사건이 주로 일어난 장소는 어디인가요?

3. 전래 동화의 배경 이해하기

1 흥부와 놀부라는 제목을 보고 무엇이 느껴졌는지 설명해 보세요.

2 사건의 배경은 무엇인지 설명해 보세요.

3 흥부와 놀부에서 흥부는 어떻게 부자가 되었나요?

표를 바탕으로 알맞은 내용 작성해 보기

1 식생활:

2 주생활:

3 언어생활:

4 가정생활:

5 사고방식:

6 기후:

46

1 형제: 형과 아우를 아울러 이르는 말.

2 심술 맞다: 남을 골리기 좋아하거나 남이 잘못되는 것을 좋아하는 마음보.

3 착하다: 언행이나 마음씨가 곱고 바르며 상냥하다.

4 장독대: 장독 따위를 두려고 뜰 안에 높직하게 만들어 놓은 곳.

5 간장: 음식의 간을 맞추는 데 쓰는 짠맛이 나는 흑갈색 액체.
  고추장: 쌀, 보리 등으로 지은 밥이나 떡가루 또는 되게 쑨 죽에 메줏가루와
        고춧가루를 넣어 만든 매운 장.

6 재산: 토지, 가옥, 가구, 금속 등 금전적 가치가 있는 재화와 자산을 통틀어 이
      르는 말.

7 농사: 곡류, 과채류 따위의 씨나 모종을 심어 기르고 거두는 따위의 일.

8 제비: 제빗과의 새로 몸의 길이는 18cm 정도로 윤기가 있는 푸른 빛을 띤 검
      은색과 흰색이 섞인 새. 봄에 우리나라에 살다가 겨울에 오스트레일리
      아, 태국, 베트남 등으로 떠난다.

9 박씨: 박의 씨.

⑩ 은혜: 고맙게 베풀어 주는 신세나 혜택.

동화를 통해 문법 익히기

> 거기다 흥부 가족은 음식조차 먹을 수 없었습니다.

1 '- 수 있다'

이 문법은 어떤 일을 할 수 있는 능력이 있음을 나타내는 문법 표현이다.

2 '- 수 없다'

이 문법은 어떤 일을 할 수 없음을 나타내는 문법 표현이다.

예시

· 당신은 한국어를 할 수 있어요?

-네, 조금 할 수 있어요.

-아니요. 전혀 할 수 없어요. (→아니요 / 못 해요)

· 당신은 김밥을 만들 수 있어요?

-네, 잘 만들 수 있어요.

-아니요. 전혀 만들 수 없어요.

연습

· 오토바이를 (탈 수) 있어요?

· 네, (탈 수) 있어요.

· 아니요. (탈 수) 없어요.

· 내일 저녁에 (만날 수) 있어요?

· 네, (만날 수) 있어요.

· 아니요. (만날 수) 없어요.

1. 여러분이 이 동화를 읽고 느끼게 된 점과 통화를 통해 배우게 된 것을
자유롭게 써 보세요.

1 마인드맵(생각 나무 활용) 그려 보기

2 마인드맵의 어휘를 사용하여 장문으로 작성하기

2. 여러분이 이 동화에서 배우게 된 교훈은 무엇인지 자유롭게 써 보세요.

흥부와 놀부 문화 정리

흥부와 놀부에서 흥부와 놀부가 사는 형태의 큰 차이는 바로 집이다. 집에서는 다양한 활동을 할 수 있는데 특히 주거 공간이기 때문에 살펴볼 필요가 있다. 전래 동화에서 흥부가 형수에게 주걱으로 뺨을 맞는 장면을 보자면 한국 문화에서 '주거 형태'를 확인해 볼 수 있다.

현대와 달리 조선 시대 집은 마당을 두고 공간이 분리되어 있었다. 부엌 아궁이는 집 전체 온돌과도 연결이 되어 보편적으로 신발을 벗고 방에서 생활을 하는 모습을 확인할 수 있다. '온돌'은 외국에서 볼 수 없는 한국 고유의 문화인데 외국인들이 한국에 처음 와 온돌을 접하고 뛰어난 난방으로 놀라곤 한다.

온돌은 뜨거운 불의 공기가 방 밑을 지나가면서 방을 골고루 따뜻하게 만들어 주는데 공기를 덥혀 실내 온도를 높이는 해외 벽난로와 난로와 비교했을 때 난방 장치 부분에서는 월등한 문화 수준을 보여 주고 있다.

신발을 벗고 생활하는 것도 한국 문화의 특징으로 꼽을 수 있다. 조선 시대부터 온돌이 중심이다 보니 자연스럽게 신발을 신지 않고 생활했고 신발을 벗고 식사하는 모습은 임진왜란 등 조선을 방문한 외국인들의 시선에서는 이색적이었다.

흥부와 놀부 전래 동화와 비슷한 이야기는 '박타는 처녀'가 있다. 박타는 처녀는 다리를 다친 제비를 치료해 주고 그 제비가 박씨를 물어 와 큰 부자가 된다는 이야기다. '박타는 처녀'는 몽골 설화로 몽골에 귀화한 고려 여인들을 통해 전해진 설화다. 이는 흥부와 놀부보다 앞선 이야기로 '박타는 처녀'를 흥부와 놀부의 근원 설화로 보기도 한다. 흥부와 놀부 전래 동화와 이야기 구성은 흡사하다.

'박타는 처녀'에서도 욕심 많은 이웃집 처녀가 일부러 제비의 다리를 부러뜨리고 치료해 주어 박씨를 하나 얻고 박에서 독사가 나와 물려 죽는다는 이야기가 나온다. 등장인물만 다를 뿐 줄거리는 유사함을 확인할 수 있다. 다만 흥부와 놀부는 이야기 말미에 형제간 우애를 회복하지만 '박타는 처녀'는 관련 주제를 찾을 수 없다. 한국 문화에서 거주 문화와 함께 형제간의 우애 또한 집중하는 것이 좋다.

1 흥부와 놀부 간 우애 변화를 보고 어떤 생각이 드나요?

2 온돌의 장점은 어떤 것이 있을까요?

제3과
춘향전

학습 목표

1 내용적인 부분

춘향이의 행동을 통해 여성의 정절을 지키는 모습을 알 수 있다.

춘향과 이몽룡의 연애하는 모습을 통해 한국의 전통적인 연애 문화를 알 수 있다.

이몽룡의 과거 급제를 통해 한국의 전통적인 교육 문화를 알 수 있다.

2 문법적인 부분

춘향의 이야기에 나오는 한국어 문법 '-ㄴ/는지', '-게 되다'에 대해 배우게 된다.

3 학습 대상

본 학습은 외국인 학습자 중 한국어 능력 4급 이상인 학습자를 대상으로 하며, 외국인 중학교 이상부터 대학생을 대상으로 학습을 진행하고자 한다.

춘향전 동화 개요

1. 핵심 등장인물

1 성춘향

춘향은 양반 성 참판과 기생 월매의 딸로서 신분을 뛰어넘는 사랑을 이루어 내는 진취적인 인물이라 할 수 있다. 춘향이의 출신은 비천한 천민이지만, 자기 스스로는 기생임을 인정하지 않는 강한 자존심을 지니고 있는 여성으로 등장한다. 또한, 신분을 뛰어넘는 사랑과 부부간의 믿음, 인간의 존엄성을 지키기 위한 정절을 보여 준다.

② 이몽룡

춘향을 사랑하게 되는 남원 부사의 아들이다. 이몽룡은 과거 급제를 하여 지방 관리의 부정부패를 바로잡는 암행어사가 된다.

처음에는 춘향의 아름다움에 관심을 가지고 다가가는 철없는 양반의 모습을 보이지만, 나중에는 춘향과 사랑하게 되면서 백성의 고통을 감싸 안고 탐관오리를 처벌하는 등의 모범적인 주인공으로 등장한다. 또한, 신분 제도를 뛰어넘어, 인간적인 삶을 살아가려는 백성들 편에 서서 일을 처리하는 양심적인 인물이다.

③ 변학도

변학도는 자신의 권력으로 춘향에게 수정을 강요하는 전형적인 나쁜 인성을 가진 인물이다. 또한, 자신의 욕망을 위해서는 수단과 방법을 가리지 않고, 죄 없고 약한 백성들에게 폭력을 매우 휘두르고, 권력을 이용해 백성을 강제로 괴롭히는 인물이다. 또한, 백성의 재산을 빼앗고, 자기 멋대로 남을 괴롭히는 탐관오리의 대표자로, 결국 벼슬에서 쫓겨나게 된다.

④ 월매

월매는 기생이었으며, 춘향의 어머니이다. 때로 가볍고 촐랑대는 듯하면서도 언변이 뛰어나서 철저하게 자신의 이익을 얻으려는 인물로 등장한다. 그리고 이몽룡과 춘향 사이에 적극적으로 끼어들어 어떠한 상황에도 적절하게 대응하여 해결하는 인물이며, 어떤 인물보다도 살아 움직이는 백성의 모습을 잘 드러내는 매우 개성적인 인물이다.

2. 핵심 내용 및 관련 내용

'춘향전'은 우리나라 고전 중의 고전이라고 할 수 있어요. 기생의 딸 춘향이 양반 집 아들인 이몽룡과 어려움을 이기고 결혼한다는 이야기지요. 남녀 간의 아름다운 사랑 이야기로 어른, 아이 할 것 없이 모르는 사람이 없답니다.

하지만 '춘향전'을 누가 썼는지, 언제 쓰였는지는 정확하게 알 수 없어요. 남원의 한 사또가 억울하게 죽은 어느 처녀의 넋을 달래기 위해 마련한 살풀이에서 시작되었다고도 하고, 여러 이야기에서 전하는 기생 이야기와 암행어사 이야기를 엮어서 짠 것이라고도 해요.

'춘향전' 이야기는 사람들의 입에서 입으로 전해 내려오다 판소리로 만들어지게 되었어요. 이렇게 판소리의 내용을 소설로 옮긴 것을 판소리계 소설이라고 하지요. 그래서 판소리계 소설 '춘향전'을 읽다 보면, 판소리를 듣는 것처럼 흥겨운 가락이 느껴지기도 해요.

'춘향전'은 기생의 딸 춘향과 양반 몽룡이 신분의 차이를 극복하고 사랑을 이루는 이야기이기 때문에 특히 서민들의 사랑을 듬뿍 받았어요. 월매와 향단, 방자 등 주변 인물들이 펼치는 익살과 해학도 '춘향전'이 주는 재미 가운데 하나이지요.

춘향전 속 한국 문화

대분류	중분류	교수 내용	동화 내용
일상생활	의생활	한국의 전통 의상	댕기
가치관	사고방식	한국인의 특징적인 사고방식	여성이 정절을 지키는 행동
	가치관의 변화	세대별 가치관	신분제도 (양반-천민/몽룡-방자 등)
풍습	명절과 절기	주요 명절 및 절기	단옷날 그네 타기
	관혼상제	한국의 연애 문화	이몽룡과 성춘향의 연애 (편지 주고받기)
		한국의 결혼 문화	술잔을 나눠 마시는 행동
정치	정치제도	한국의 정부 조직	사또, 암행어사
지리	지역	한국의 행정구역과 주요 도시	남원
	교통	한국의 주요 교통수단	말
교육	교육제도	한국의 입시 제도	과거 시험, 장원 급제

옛날 남원에 월매라는 기생이 살았습니다. 월매는 딸과 단둘이 살았는데 딸은 성 참판과의 사이에서 낳아 기르고 있었습니다.

성 참판은 아주 명망 높은 양반 가문이었지만, 월매는 천민이었기 때문에 딸인 '춘향'도 천민의 신분을 벗어나지 못했습니다. 하지만 춘향이는 천민임에도 불구하고 아주 현명하고 똑똑해 동네에서 소문이 자자했습니다. 거기에 외모까지 빼어났기 때문에 동네 아낙들은 빨래를 하면서도 춘향이 이야기를 했고, 남자들 또한 그녀의 외모를 칭찬하기 바빴답니다.

남원에는 남원 부사 아들 이몽룡도 살고 있었습니다. 그는 어려서부터 글공부에 소질이 있었고 총명했기 때문에 집안 어른들뿐 아니라 마을 사람들의 관심을 한 몸에 받고 있었습니다.

"몽룡 도련님은 필히 장원 급제를 하실 거야."
"암, 그렇고말고. 거기에 외모까지 훌륭한데 얼마나 부러워."

몽룡은 비상한 머리뿐 아니라 잘생긴 외모 덕에 인기가 좋았답니다.

그렇게 시간이 흘러 춘향은 어머니 월매처럼 아름다운 여성으로 자라났고 시와 공부에도 능하게 되었습니다. 하지만 항상 몸가짐을 바르게 하고 조심하며 지내곤 했답니다.

그러던 어느 날 춘향은 항상 같이 다니는 향단이와 함께 광한루 앞 시냇가 버들

숲으로 놀러 나갔습니다.

"애 향단아, 우리 오늘 단오인데 오랜만에 시냇가로 가서 그네를 좀 타고 오자."

춘향이는 예쁘고 깨끗한 한복을 꺼내 갈아입고 향단이와 함께 광한루 앞 시냇가로 향했습니다. 그 시각 몽룡이 또한 무료한 하루를 보내고 있었는데 그의 시종 방자가 말을 꺼냈습니다.

"몽룡 도련님, 오늘은 공부가 잘 안되십니까?"
"그래, 오늘은 영 안 되는구나. 애 방자야, 남원에서 가 볼 만한 좋은 곳이 있느냐?"

방자는 잠시 고민을 했습니다.

"아, 이 동네 산에 가시면 나물 캐는 사람들도 구경하실 수 있고 우물로 가면 아낙들이 물 길어서 음식을 하는 것도 보실 수 있으시고…."
"야! 내가 지금 그런 볼거리를 말한 줄 아느냐? 그게 아니고 경치! 어디 자연경관이 좋은지 물어본 것이야!"

방자는 이마를 '탁' 치며 이야기했습니다.

"아이고, 제가 말을 잘 못 이해했군요. 도련님 광한루가 좋긴 하실 텐데…."

이 말을 들은 몽룡은 눈을 반짝이며 읽고 있던 책을 덮고 몸을 일으켰습니다.

"어서 그럼 말을 준비해라. 광한루로 가자."
"아이고, 안 됩니다. 도련님 공부 안 하시고 좋은 경치 보러 가신 것을 대감마님

께서 아시면 저는 아주 혼쭐이 납니다."

방자는 일어난 몽룡을 말렸지만 몽룡은 웃으며 말했다.

"아니, 글공부를 언제까지 하겠느냐? 단옷날에는 나도 좀 쉬면서 해야지! 좋은 경치를 봐야 공부도 잘되는 법이다!"

몽룡을 말릴 수 없던 방자는 어쩔 수 없이 말을 꺼내 몽룡 앞에 대령했고 둘은 광한루를 향해 갔습니다.

몽룡이 말을 타고 지나가자 이를 본 사람들은 수군거렸습니다.

"몽룡 도련님이야. 역시 소문대로 잘생기셨다."
"머리는 얼마나 비상하시다고."

몽룡은 내심 기분이 좋아졌습니다. 일부러 천천히 말을 몰며 사람들의 칭찬에 귀를 기울였답니다. 그렇게 도착한 광한루는 생각보다 관리가 잘 안되어 낡아 보였습니다. 기대보다 못한 환경에 몽룡은 다소 실망했지만 이와 반대로 풍경이 퍽 좋았기 때문에 금세 마음이 풀렸답니다.

"나오니 좋긴 좋다!"

그렇게 경치 구경을 하던 몽룡 눈에 한 가지가 들어왔습니다. 바로 광한루 앞 시냇가에서 그네를 타던 춘향이었습니다.

춘향이는 바람을 가로지르며 그네를 탔고 그녀가 그네를 힘차게 탈 때마다 머리

댕기가 바람에 흩날렸습니다. 마치 한 폭의 그림처럼 아름다웠답니다. 이 광경을 본 몽룡은 그 자리에서 한 눈에 반하고 말았습니다.

"얘 방자야, 저기 누구냐?"
"누구 말씀이십니까? 저기 그네를 타고 있는 사람 말씀하십니까?"
"그래, 누군지 아느냐?"

방자는 눈을 크게 뜨고 춘향이가 있는 쪽을 바라보았습니다.

"아, 저기 사는 기생 월매의 딸 춘향입니다."
"춘향?"
"예, 외모가 곱고 현명하다 하여 마을 안에서 소문이 널리 퍼졌답니다."

몽룡은 방자의 말을 들으니 더욱 춘향이가 좋아졌습니다. 그래서 방자를 시켜 춘향을 불러 달라고 했습니다. 하지만 방자는 혼자 돌아왔고 춘향의 말을 전달했습니다.

"춘향이가 말하길 어찌 처자가 모르는 남자가 부른다고 따라가냐며 옛 성현의 훈계에 맞지 않는다 했습니다."

이 말을 들은 몽룡은 크게 웃으며 춘향이가 공부를 많이 했다는 것을 느꼈습니다.

"그래, 내가 실수를 했다. 내가 직접 가마."

몽룡은 춘향이가 있는 곳으로 한달음에 갔습니다. 둘은 서로를 보자마자 한눈에 반하고 말았습니다. 춘향이 또한 그동안 동네에서 많은 남자를 봤으나 마음에 들지 않았기에 몽룡이 마음에 들었고 몽룡 또한 책을 많이 읽은 춘향이가 마음에 들었습니다.

둘은 그날 이후로 서로 편지를 주고받으며 사랑을 키워 나갔습니다. 그러던 어느 날 둘이 편지를 통해서 연애를 하고 있다는 것을 몽룡의 집에서 알게 되었고 몽룡은 크게 혼이 났습니다. 뿐만 아니라 더 이상 춘향이를 만날 수도 편지를 주고받을 수도 없도록 몽룡의 집에서 막았답니다.

춘향이는 몽룡의 편지를 기다렸지만, 답장은 오지 않았고 시름시름 앓았습니다. 그 모습을 본 어머니 월매가 걱정스럽게 춘향에게 물었습니다.

"춘향아, 편지를 기다리느냐?"
"그렇습니다, 어머니."
"이몽룡의 집에서는 너와 만나지 못하게 하니 방법이 없는지 이 어미도 고민을 해 보겠다."

월매는 마음 아파하는 딸을 보고만 있을 수 없었고 한 가지 묘수를 떠올렸습니다.

"애 춘향아, 네가 향단이인 척하고 몽룡을 만나러 가는 것은 어떠하냐?"
"아, 어머니 그것이 좋은 방법 같습니다."

그 길로 월매는 향단이를 시켜 방자에게 이 방법을 전했고 둘은 각자 방자와 향단이인 척을 하고 만났습니다.

"어떠한 일이 있어도 우리 이제 헤어지지 말고 부부의 연을 맺읍시다."
"좋아요, 몽룡 도련님. 그럼 우리 이제 부부가 되어요."

둘은 월매가 차려 준 작은 술상을 두고 술을 한 잔씩 나누어 마셨습니다.

"이제 술을 나누어 마셨으니 우리는 부부가 된 것이오."

몽룡은 일어나더니 춘향을 업어 주었습니다.

"어화둥둥, 내 사랑이야. 이제 우리는 헤어지는 일 없이 사랑을 지켜 가 봅시다."

둘은 부부의 연을 맺고 앞으로 행복하게 살 날만을 기다렸습니다. 하지만 그 행복은 오래 가지 않았습니다. 곧 몽룡은 과거 시험을 보러 한양으로 떠나야 했기 때문이죠.

"춘향아, 내가 장원 급제를 하고 돌아오마."
"몸 조심히 다녀오세요."

몽룡이가 떠나고 남원에는 새로운 사또가 부임해 왔습니다. 변씨 성을 가진 사또는 남원에 오자마자 외모가 수려한 춘향이 소문을 들었답니다. 변 사또가 부임해 오고 축하 잔치가 있던 날 변 사또는 춘향이를 불렀습니다.

"네가 남원에서 가장 곱고 똑똑하다는 춘향이지? 오늘 나의 수청을 들라."

변 사또는 술병을 들고 춘향에게 건네며 말했습니다.

"내가 비록 기생의 딸이지만, 기생이 아니고 지아비가 있는 몸인데 어찌 수청을 들겠소."

춘향이가 정절을 지키자 변 사또는 크게 화를 내며 소리쳤습니다.

"네가 지금 어느 앞이라고 그렇게 말을 하느냐? 내가 누군지 모르냐?"
"사또님이신 것을 알고 있고 사또님이야말로 여자가 정절을 지키는 것이 중요하단 것을 모르십니까?"

춘향이가 말하자 변 사또 얼굴이 붉으락푸르락해졌습니다.

"당장 성춘향을 잡아들여라!"

그날 이후로 춘향이는 억울하게 옥 생활을 하게 되어 얼마나 울었는지 모릅니다. 변 사또는 마을 사람들에게 과도한 세금을 받고 매일 방탕하게 술을 먹으며 지냈습니다.

"춘향이는 아직도 그러고 있느냐?"

변 사또가 옥을 감시하던 부하에게 묻자 부하는 고개를 끄덕였습니다.

"이몽룡이 한양으로 간 이후로 소식이 끊겼는데도 정절을 지킨다고 저러고 있다니. 고집이 세구나."

변 사또는 잠시 생각하다 춘향에게 향했습니다.

"춘향이 너는 아직도 수청을 들 생각이 없느냐? 이몽룡은 한양에 간 이후로 너에게 어떠한 연락도 하고 있지 않다. 이제 그만 포기하고 수청을 들거라."
"한번 지아비는 영원한 지아비인데 어찌 나에게 계속 그것을 어기라고 강요하십니까? 저는 죽어도 수청을 들 생각이 없습니다."

춘향이는 매우 단호하게 말을 했습니다. 춘향이의 이런 태도에 화가 난 변 사또
는 결국 소리를 지르며 말했습니다.

"성춘향을 당장 옥에서 꺼내 매우 때려라!"

춘향이가 맞는다는 소식을 들은 동네 사람들은 모두 모였습니다. 월매 또한 걱
정스러운 얼굴로 춘향이를 설득했습니다. 하지만 춘향이는 단호하게 "어머니, 어
찌 저에게 그렇게 말씀하십니까?" 하더니 덤덤하게 옥 밖으로 걸어 나왔답니다.
목에 칼을 하고 있는 춘향이를 보고 동네 사람들 중 일부는 눈물을 흘렸습니다.

"아이고, 고운 춘향이가 고생을 한다."

변 사또는 부하에게 춘향이를 때리라고 명을 내렸고 커다란 막대를 들고 나온
장정이 춘향이를 때리려고 하는 그 순간, "암행어사 출두야!" 어디선가 큰 소리로
이몽룡의 목소리가 들렸습니다.

"여보!"

춘향이는 눈물을 흘리며 이몽룡과 껴안았습니다.

"춘향아, 내가 늦어 미안하다."

사실 이몽룡은 과거 시험에서 장원 급제를 하고 암행어사가 되어 변 사또를 잡
기 위해 기다리고 있었습니다.

그동안 변 사또가 백성들에게 저지른 악행들이 하나둘씩 밝혀졌습니다. 이몽룡 앞에 무릎을 꿇고 묶인 변 사또는 벌벌 떨며 용서를 구했습니다.

"잘못했습니다. 한 번만 용서해 주세요."

"네 이놈, 변 사또야! 너는 그동안 농사를 힘들게 지은 백성들의 땀과 피인 농작물을 빼앗고 세금을 많이 걷어 힘들게 했다. 거기다 나의 부인인 춘향이에게 수청을 들라고 하며 옥에 가두는 아주 큰 죄를 지었다. 너는 이제 한양으로 가 합당한 벌을 받아야 할 것이야."

이몽룡은 변 사또를 즉시 한양으로 보냈고 변 사또는 큰 벌을 받게 되었습니다. 춘향이와 이몽룡은 서로를 얼싸안으며 기쁨의 눈물을 흘렸습니다.

"이제 아무 데도 가지 마세요."
"춘향이 너를 두고는 어디 안 간다. 앞으로 나와 함께 행복하게 살자."

이 모습을 바라보던 월매와 향단이, 방자도 눈물을 흘렸습니다. 춘향이와 몽룡은 그날 이후로 오랫동안 행복하게 살았답니다.

1. 이 동화의 주인공 및 등장인물 이해하기

1 이 동화 속 등장인물 중 주인공은 누구인가요?

2 이 동화에서 가장 관심 있는 등장인물은 누구인가요?

3 여러분은 이 동화의 등장인물 중에서 어떤 인물이 되고 싶은가요?

2. 사건이 일어난 장소 및 배경

1 사건이 일어난 장소와 배경에 대해 설명해 보세요.

2 변 사또는 춘향이에게 무엇을 요구했나요?

3 춘향이와 몽룡 도령은 왜 헤어져 있게 되었나요?

3. 전래 동화의 배경 이해하기

1 춘향이와 몽룡 도령은 처음에 어떻게 만나게 되었나요?

2 몽룡 도령은 왜 한양에 가게 되었나요?

3 춘향은 어떻게 빠져나오게 되었나요? 그 후 몽룡 도령과 춘향은 어떻게 되었는지
자세히 설명하여 써 보세요.

춘향전을 통한 한국 문화 이해하기

1 한국의 과거에는 가장 높은 시험 제도가 있었습니다. 춘향에는 그 시험 제도가 나

오는데 그것이 무엇인지 써 보고 설명해 보세요.

2 춘향과 몽룡 도령은 서로 어떤 사이였나요? 여러분이 아는 대로 설명해 보세요.

그리고 여러분도 그런 경험이 있는지 재미있게 써 보세요.

1 도령: 총각을 대접하여 이르는 말.

2 천민: 신분 사회에서 천대를 받던 최하 계급.

3 방자: 조선 시대 지방 관아에서 심부름을 하던 남자 하인.

4 단오: 음력 5월 5일에 단오떡을 해 먹고 여자는 창포물에 머리를 감고 그네를
뛰며 남자는 씨름을 하는 우리나라 명절의 하나.

5 장원 급제: 과거 시험에서 첫째로 뽑히던 일.

6 경치: 산이나 들, 강, 바다 따위의 자연이나 지역의 모습.

7 그네: 민속놀이의 하나로 큰 나무나 가지 등 두 기둥 사이로 두 가닥의 줄을 매
어 발판을 놓고 몸을 움직여 앞뒤로 왔다 갔다 하면서 타는 놀이 기구.

8 정절: 절개를 굳게 세우고 굽히지 아니함.

9 옥 생활: 죄인을 가두어 두는 곳에 갇히는 형벌을 받음.

10 과거 시험: 우리나라에서 관리를 뽑을 때 실시한 시험.

표를 바탕으로 알맞은 내용 작성해 보기

1 의생활:

2 사고방식:

3 가치관의 변화:

4 명절과 절기:

5 관혼상제:

6 정치제도:

7 지역:

> 그날 이후로 춘향이는 억울하게
> 옥 생활을 하게 되어 얼마나 울었는지 모릅니다.

1 '-ㄴ/는지'

'-ㄴ지'는 연결 어미이므로 붙여 쓴다. '-ㄴ지'의 '-ㄴ'은 명사를 꾸미는 어미이고 '-지'는 '시간'을 뜻하는 의존명사이므로 반드시 띄어 써야 한다. 또한, '-ㄴ지'의 뒤에는 앞 절과 내용상 관련이 있는 어떠한 절이 있어야 한다.

예시

- 얼마나 부지런한지 세 사람 몫의 일을 해낸다.
- 아이들이 얼마나 떠드는지 책을 읽을 수가 없었다.
- 바람이 얼마나 세게 부는지 가로수 가지들이 꺾였다.

연습

- 오늘의 회의 주제가 (무엇이었는지) 알아보자.
- 그 스토리의 주인공이 (누구인지) 확인해라.
- 이 그림이 무엇을 (뜻하는 것인지) 이야기해 봐라.

그날 이후로 춘향이는 억울하게
옥 생활을 하게 되어 얼마나 울었는지 모릅니다.

2 '-게 되다'

이 문법은 외부의 영향에 의해 변화된 결과나 상황 및 상태를 나타내는 표현할 때 사용한다.

(동사나 형용사에 붙어) 어떤 상황이 외부의 영향을 받아 어떠한 결과에 이르거나 상황이나 상태가 변화함을 나타낸다.

예시

· 받침 O + -게 되다 → 씻게 되다, 맛있게 되다, 먹게 되다

· 받침 X + -게 되다 → 보게 되다, 아프게 되다, 사게 되다

· ㄹ 받침 + -게 되다 → 살게 되다, 놀게 되다, 만들게 되다

  ※ 받침이 있을 때와 없을 때 모두 사용한다.

연습

· 마침내 나도 대학원에 (입학하게) 되었다.

· 마침내 고향으로 (돌아가게) 되었다.

· 마침내 해외여행을 (떠나게) 되었다.

글쓰기

1. 여러분이 이 동화를 읽고 느끼게 된 점과 동화를 통해 배우게 된 것을
   자유롭게 써 보세요

1 마인드맵(생각 나무 활용) 그려 보기

2 마인드맵의 어휘를 사용하여 장문으로 작성하기

2. 여러분이 이 동화에서 배우게 된 교훈은 무엇인지 자유롭게 써 보세요

춘향전 속 한국 문화 정리

요즘 연인들은 자유롭게 만나서 연애를 하곤 한다. 하지만 춘향에서 시대상은 절대로 '자유연애'가 불가한 시대였다. 신분이 서로 같아야 하고 부모가 허락한 사이만 결혼이 가능했다. 신분 제도가 있었던 시절이기 때문에 대부분의 양반은 양반과 혼인을 하고, 그 외 백성들은 본인들끼리 집안 약속을 통해 혼인을 하는 경우가 많다.

당연히 다른 전래 동화에서 연인이 나올 경우, 자유연애는 두드러지지 않는다. 그러나 성춘향과 이몽룡은 가족이 정해 준 인연이 아니고 서로가 각자 만나 사랑에 빠져 결혼까지 이어진다. 그 시대 연애 문화를 생각해 보면 양반인 이몽룡과 기생의 딸인 성춘향은 신분이 달라 만날 수 없다. 하지만 춘향에서는 둘의 자유연애를 보여 주고 그 당시 사람들의 마음에 있는 자유연애에 대해 표현했다고 볼 수 있다.

춘향에서 보여 주는 조선 시대 연애 문화는 굉장히 파격적인 편이다. 조선은 유교 사상을 기본으로 가지고 있기 때문에 '남녀칠세부동석'이라 둘의 연애는 생각할 수 없는 행동이라고 볼 수 있다. 특히 춘향의 당당한 모습은 당시 여성들이 취하는 태도와도 다르다 할 수 있다.

유교 사상 때문에 조선 시대에는 여성의 정절이 중요했다. 춘향이 사또의 수청을 모두 거절한 것도 그 당시 조선 시대 가치관 문화에 맞지 않았기 때문이다. 춘향은 유교 사상을 중요하게 생각한다는 것을 유추해 볼 수 있다. 그런 춘향이 자유연애를 하면서 수청을 거절한 것을 통해 춘향은 자주적인 성격을 지닌 여성이라는 것을 유추해 볼 수 있다.

그래서 자유연애를 하며 당당한 둘의 모습이 독자들에게는 공감과 즐거움을 가져오지 않았을까 사료된다. 물론 현대 연애는 대부분 자유연애를 하고 있다. 춘향과 몽룡은 본인들의 연애와 결혼을 주변에 알리지 못했다. 그러나 현대는 SNS나 온라인 채널을 이용해 연애와 결혼을 알리고 자랑을 하기도 한다. 먹거리와 놀거리 등이 풍부해 현대 연애는 조금 더 생기가 있기 마련이다.

현대와 과거에 대해 기본적인 지식이 있을 때 춘향을 읽는다면 더 재미있게 볼 수 있다.

생각해 보기

1 이몽룡과 성춘향은 어느 지역 어디에서 만나 자유연애를 시작했나요?

2 과거와 현대의 연애 문화를 비교해 간단하게 작성해 보아요.

제4과

봉이 김 선달

학습 목표

1 내용적인 부분

한국의 교육 문화에 대해 알 수 있다.

봉이 김 선달의 핵심 내용을 이해할 수 있다.

2 문법적인 부분

'-다가'의 한국어 문법을 이해할 수 있다.

'~ 은/는'의 한국어 문법을 이해할 수 있다.

3 학습 대상

본 학습은 외국인 학습자 중 한국어 능력 4급 이상인 학습자를 대상으로 하며, 외국인 중학교 이상부터 대학생을 대상으로 학습을 진행하고자 한다.

봉이 김 선달 동화 개요

1. 핵심 등장인물

1 봉이 김 선달

봉이 김 선달은 조선 말기 장원 급제를 했으나 서북인 차별 정책으로 벼슬길에 오르지 못했다. 김 선달은 재치와 꾀를 가진 익살스러운 인물로, 주변에서 발생하는 문제에 대해 풍자를 하고 해결을 하곤 한다. 자신에게 이익이 되는 문제에 대해서만 적극적으로 참여하는 것 같지만, 실제로는 사회적인 문제를 해결하기도 한다.

② 한양 상인들

한양 상인들은 욕심이 많은 사람들이다. 상인들은 대동강 물을 파는 김 선달의 모습을 보고 큰돈을 얻고자 욕심이 나 돈을 주고 사려고 했다. 결국 한양 상인들은 김 선달에게 속아 사기를 당한다.

2. 핵심 내용 및 관련 내용

김 선달이 어느 날 장 구경을 하러 갔다가 닭을 팔고 있는 가게를 지나가게 되었다. 마침 그 닭장 안에는 유달리 큰 닭 한 마리가 보여서 주인한테 그 닭이 '봉(鳳)'이 아니냐고 물었다.

김 선달이 계속 묻자 처음에는 아니라고 그것을 부정하던 닭 장수가 마침내 봉이라고 대답하였다. 매우 비싼 값을 주고 그 닭을 산 김 선달은 원님에게로 뛰어가서 그것을 봉이라고 하니, 원님은 화가 나 김 선달의 볼기를 때렸다.

김 선달이 원님에게 나는 닭 장수에게 그저 속았을 뿐이라고 말했다. 그랬더니 원님은 닭 장수를 대령하라는 불호령을 내렸다. 그 결과 김 선달은 닭 장수에게 닭의 값과 볼기 맞은 값으로 많은 배상을 받게 되었다. 닭 장수에게 닭을 '봉'이라 속여 이득을 보았다 하여 그 뒤로 봉이 김 선달이라 불리게 된 것이다.

이 봉이 김 선달은 조선 후기의 역사적 상황과 매우 많은 관계를 가지고 있는 인물이다.

봉이 김 선달 속 한국 문화

대분류	중분류	교수 내용	동화 내용
일상생활	의생활	한국의 전통 의상	밥
	경제생활	쇼핑 방법	간장, 고추장, 된장
	언어생활	한국의 흔한 성씨	장독대
가치관	사고방식	한국인의 특정적인 사고방식	유교 사상: 조상을 욕되게 하여 좌절
	종교	한국의 주요 종교	불교
정치	정치 제도	한국의 정부 조직	사또
경제	경제 제도	한국 화폐의 종류	동전 한 닢
교육	교육 제도	한국의 입시 제도	과거 시험, 장원 급제
지리	지역	한국의 행정구역과 주요 도시	평양, 대동강

옛날 옛적에 봉이 김 선달이라 불리는 사내가 있었습니다. 그는 커다란 삿갓을 쓰고 다니며 전국 방방곡곡을 누리는 자유로운 사람이었습니다. 그에 대해서 소문을 들은 사람들은 항상 수군거리곤 했답니다.

하지만 모두가 입을 모아 하는 말은 그가 과거에 장원 급제했던 천재라는 이야기였습니다. 김 선달은 어려서부터 똑똑했고 총명해 집안 어른들과 마을 사람들의 칭찬이 자자했습니다.

"김씨 집안에서 장원 급제가 곧 나오겠어요, 어르신."
"허허, 그럼! 우리 집안에서 장원 급제가 꼭 나올 것이야."

김 선달은 그렇게 성장해 장원 급제를 했습니다. 어려서부터 똑똑했고 본인도 잘 알고 있었기 때문에 김 선달은 굉장히 뿌듯했습니다.

"내가 우리 집안에서 장원 급제를 했다!"

하지만 그의 자랑스러움은 오래 가지 않았습니다. 김 선달은 장원 급제를 했음에도 좋은 벼슬길에 오르지 못했습니다. 그는 평양 지역 출신이었는데, 당시 조정에서는 서북인 차별 정책을 펼치고 있기 때문이었답니다. 하지만 그는 꾀가 많은 것으로 소문이 자자했지요.

벼슬을 얻지 못한 김 선달은 전국을 다니며 세상 구경을 했습니다. 그는 세상을 다니며 자신의 똑똑한 꾀를 자주 이용해 문제를 해결하곤 했습니다.

어느 날 김 선달은 한참을 돌아다니다가 산속에 있는 절에서 하루를 보냈습니다.

"혹시 스님, 제가 먹을 음식이 조금 있겠습니까?"
"없소. 우리도 산속에서 음식을 잘 먹지 못했소. 여기는 부처님을 모시는 곳이니 나가 주시오."

스님들은 김 선달에게 큰 관심을 보이지 않았고 김 선달은 혼자 절을 구경하며 시간을 보냈답니다. 바로 그때 밖에서 요란스러운 소리가 들렸습니다.

"이렇게 공기 좋고 경치 좋은 곳을 중들이 다 차지하고 있었구나! 오늘은 여기서 잔치를 벌이자꾸나!"

목소리의 주인공은 고을 사또로 기생들을 잔뜩 데리고 절로 찾아왔습니다. 술에 취한 사또는 본인을 말리는 스님들을 제치고 절을 소란스럽게 만들었습니다. 이 모습을 보던 김 선달은 곰곰이 고민하더니 조용히 주지 스님과 스님들을 불렀습니다.

"저는 김 선달이라고 합니다. 부처님을 모시는 절에서 이런 행태를 벌이는 것은 아무리 사또여도 안 되지요. 저에게 좋은 수가 있습니다."
"도움을 주신다면 감사하겠습니다. 아까는 아무런 대접도 하지 않아 죄송합니다."

김 선달은 커다란 도포와 지팡이를 요청했고 스님들은 부랴부랴 찾아왔습니다. 김 선달은 도포와 지팡이를 챙겨 사또 앞으로 향했습니다.

"네 이놈, 사또야! 어찌 불경스럽게 절에서 이리 술과 여자를 불러 노느냐?"

술에 취한 사또는 김 선달의 모습과 큰 목소리에 놀라 눈을 크게 뜨고 쳐다봤습니다.

"나는 이 산을 지키는 산신령이니라. 네 놈이 시끄럽게 굴어 와 보니 절에서 이리 추태를 보이고 있구나."
스님들은 김 선달이 미리 당부한 대로 납작 엎드려 고래를 조아렸습니다.
"아이고, 산신령님! 아이고, 산신령님!"

스님들이 모두 고개를 조아리자 깜짝 놀란 사또는 덩달아 일어나 고개를 숙였습니다.

"네 이놈, 사또야! 당장 먹고 있던 술상을 나에게 대령해라!"
푸짐한 술상을 받은 김 선달은 사또에게 참기름이 잔뜩 묻은 음식만 먹게 했습니다.
참기름을 너무 많이 먹은 사또는 배가 아파 데굴데굴 굴렀습니다.

스님들은 식사를 제대로 하지 못해 김 선달에게 음식을 나눠 달라고 요청했습니다. 하지만 아까 본인에게 나가라고 했던 스님들에게 김 선달은 어떤 음식도 주지 않고 혼자 배불리 먹고 나왔습니다.

"앞으로는 절에 찾아오는 불쌍한 사람들에게 손을 좀 내밀어 주세요."
김 선달은 떠나면서 스님들에게 당부하고 절을 나섰답니다.

전국을 돌던 김 선달은 대동강에 도착했습니다. 물이 시원하게 흐르는 모습을 보며 김 선달은 경치가 좋다며 기분이 좋아졌습니다.

"대동강이 역시 물이 많아 보기 좋구나."

　김 선달은 대동강 주변을 돌면서 흐르는 물을 구경했습니다. 그런데 가만히 대동강을 바라보고 있으니, 물장수들이 눈에 들어왔습니다. 물장수들이 대동강에서 물을 길어 양반집에 길어다 주는 것이었죠. 대동강이 물이 많아 물장수들은 꼭 이곳에 와서 물을 길어 가는 것이었습니다. 김 선달은 그 모습을 보다 한 가지 좋은 생각을 떠올렸답니다.

"이보시게! 이리 와 보시오."
"무슨 일이요?"
"왜 우물이 아니라 대동강 물을 길어다 가시오?"
"평양에는 우물물이 부족하오. 그래서 물이 필요한 양반댁에서는 대동강 물을 사용하곤 하시지요."

　김 선달은 고개를 끄덕였습니다.

"양반댁만 그런가? 마을 사람들 모두가 우물물이 부족하니 대동강 물을 써야지!"
"그러면 대동강 물이 이 동네 사람들에게는 꼭 필요한 거군요?"

　김 선달은 물장수 이야기를 듣고 잠시 생각을 하더니 동전 한 닢씩 쥐여 줬습니다.

"내가 앞으로 동전을 주도록 할 테니 여기서 물을 길어 갈 때마다 나에게 한 닢씩 주시오."
"아니 동전을 주고 다시 당신에게 주란 말이오?"
"동전 꾸러미를 줄 테니 앞으로 꼭 하나씩 주면 되고 남은 돈은 다 가지시오. 그리고 종종 내가 성을 내더라도 좀 봐주실 수 있겠소?"

물장수들은 한 달 동안 김 선달의 부탁대로 돈을 받아 물을 길어 갈 때마다 돈을 다시 주는 행동을 했습니다.

"물도 공짜인데 이렇게 돈까지 얻고 운이 참 좋다."

물장수들은 싱글벙글 웃으며 약속을 지켰답니다. 그런데 이런 모습을 사람들이 보고 평양에는 한 가지 소문이 돌았습니다. 대동강의 물이 김 선달의 것이라는 것이었죠.

심지어 간혹 김 선달이 물장수들에게 호통을 치는 모습도 목격되어 김 선달이 대동강의 주인이라는 소문이 더 퍼졌답니다. 평양에 퍼진 이 소문은 금방 한양까지 퍼져 갔습니다. 한양 상인들은 평양에 있는 김 선달이라는 사람이 대동강을 통해 부를 축적한다고 생각했답니다. 그래서 모두 논의 끝에 그 대동강을 사기로 했습니다. 한양 상인들은 김 선달을 찾아갔습니다.

"이보시오, 당신이 대동강의 주인이오?"
"그렇소, 조상님들께서 물려주신 소중한 재산 중 하나인데 안 그래도 물려줄 자식이 없다오. 그래서 내 걱정이 큽니다."

김 선달의 연기에 한양 상인들은 속는 줄도 모르고 눈을 반짝였습니다.

"그럼, 우리에게 파시오. 우리가 크게 값을 쳐 주겠소."

김 선달은 난감하다는 표정을 지었습니다.

"조상님이 물려주셨는데…."

하지만 한양 상인들은 높은 금액을 불렀습니다. 그 돈은 값비싼 금은보화를 살 수 있고 비싼 소를 잔뜩 살 수 있는 큰돈이었답니다. 긴 가격 흥정 끝에 김 선달은 대동강을 팔기로 했습니다. 김 선달과 한양 상인들은 종이를 꺼내 계약서를 주고받았습니다.

"이제 이 대동강 물의 소유주는 당신이 아니라 우리요."

한양 상인들은 함박웃음을 지으며 돌아갔습니다.

"우리는 이제 부자다, 부자!"
"강이 마르지 않을 것이니 우리는 이제 큰 부자가 될 것이야."

김 선달은 한양 상인들이 돌아가는 것을 보고 크게 웃었습니다.

"하하하! 저 꼴을 보라지. 대동강에 주인이 어디 있다고 저렇게 돈을 주고 사 가나."

수천 냥이 생긴 김 선달은 마을로 돌아가 돈이 필요한 마을 사람들에게 조금씩 나누어 줬습니다. 돈을 나누어 주고도 많은 돈이 남아 김 선달은 즐겁게 놀다 마을을 떠날 채비를 했습니다.

그러던 어느 날 대동강을 사 간 한양 상인들이 찾아왔습니다.

"이제 오늘부터 대동강에서 물을 길어 판매하자."
"평양에서 우리가 가장 부자다, 부자!"

한양 상인들은 대동강 앞에 자리를 잡고 앉았습니다. 시간이 조금 흐르니 물을 긷고자 하는 물장수들이 찾아왔습니다. 물장수들은 평소와 똑같이 대동강 물을 가져가려고 물통에 물을 채우기 시작했습니다. 당연히 김 선달과 약속한 한 달이 지났기 때문에 물장수들은 동전을 내지 않고 물을 길었답니다.

"자, 이제 우리 돈을 받으러 가 볼까?"

한양 상인들은 물장수들에게 다가갔습니다.

"거기, 여기 좀 보시오. 물을 길어 가려면 돈을 내야지, 왜 그냥 가져가시오?"
"무슨 말입니까?"

돈을 내라는 말에 물상수들은 어이가 없다는 듯이 상인들을 쳐다봤습니다.

"우리가 여기 대동강 주인이오! 앞으로 우리에게 동전 한 닢씩 내면 되니 오늘부터 주시오."

돈을 달라는 말에 물장수들은 화가 났습니다.

"대동강에 주인이 어딨소? 살다 살다 강에 주인이 있다는 말은 처음 듣네."
"도둑놈 심보 아니야? 이놈들 어디서 수작이야!"

화가 난 물장수들은 모두 한양 상인들에게 몰려와 따지기 시작했습니다.

"우리는 김 선달에게 대동강을 산 사람들이오. 그 사람 조상이 물려준 대동강이라 돈 주고 우리가 샀으니 당연히 돈을 내야지!"

한양 상인들은 물장수들에게 화를 냈습니다. 하지만 물장수들은 듣지 않고 몽둥이를 꺼내 들었습니다.

"대동강은 그 누구의 것도 아닌데 무슨 소리를 하는 거야? 마을 사람들에게는 이 대동강 물이 없으면 생활이 안 되는데! 뻔뻔하긴!"

물장수들은 한양 상인들을 혼내 주기 시작했습니다.

"악! 살려 주시오. 살려 주시오."
"아이고, 나 죽네. 다시는 이 대동강에 얼씬도 하지 않겠소."
"그렇게 욕심을 과하게 부리면 안 되지."

물장수들과 한양 상인들의 싸움을 멀리서 보던 김 선달은 쓰고 있던 삿갓을 고쳐 쓰며 유유히 마을을 떠났답니다.

1. 이 동화의 주인공 및 등장인물 이해하기

1 이 동화의 주인공은 누구이며, 주인공의 특징은 무엇인지 생각나는 대로 써 보세요.

2 이 동화에 나오는 등장인물에 대해 설명해 보세요.

3 이 동화에 나오는 김 선달은 어떤 사람이라는 생각이 드나요?

2. 사건이 일어난 장소 및 배경

1 이 동화에서 사건이 일어난 장소에 대해 자세히 설명해 보세요.

2 여러분은 이 전래 동화에서 가장 큰 사건은 무엇이라고 생각하나요? 그렇게 생각한 이유는 무엇인가요?

3 이 동화에서 이러한 사건이 일어난 동기는 무엇이라고 생각하나요? 자세히 써 보세요.

3.. 전래 동화의 배경 이해하기

1 김 선달은 왜 물을 팔러 다니게 되었나요?

2 김 선달은 절을 떠나면서 스님들에게 당부하고 절을 나섰습니다. 어떤 당부이며, 왜 그런 당부를 했다고 생각하나요?

3 여러분은 욕심을 부린 적이 있나요? 그렇다면 어떤 경우에 욕심을 냈는지 생각나는 대로 써 보세요.

봉이 김 선달을 통한 한국 문화 이해하기

1 이 동화에는 가격 흥정을 하는 장면이 나옵니다. 여러분은 물건을 쇼핑할 때 가격을 흥정(가격을 깎다)한 적이 있나요? 언제 가격 흥정을 했는지 재미있게 써 보시기 바라요.

2 여러분은 어떤 종교를 믿고 있나요? 아니면 종교가 없는 학생도 있나요? 이 동화에서는 절이 등장합니다. 한국에는 절이 많은데 절은 어떤 종교와 관련이 있는지 설명해 보시고, 여러분의 나라에도 이러한 종교가 있는지 생각하고 써 보시기 바라요.

1 삿갓: 비나 햇볕을 막기 위해 대오리나 갈대로 거칠게 엮어서 만든 것.

2 장원 급제: 과거 시험에서 첫째로 뽑히던 일.

3 과거 시험: 우리나라에서 관리를 뽑을 때 실시한 시험.

4 방랑: 정한 곳 없이 이리저리 떠돌아다님.

5 스님: 불교 '승려'를 높여 이르는 말.

6 선달: 장원 급제를 하고 벼슬을 받지 못한 사람.

7 도포: 소매가 넓고 등 뒤에 딴 폭을 댄 남자의 겉옷.

8 지팡이: 걸을 때 도움을 얻기 위해 짚는 막대기.

9 불경: 불교의 교리를 밝혀 놓은 경전.

10 산신령: 산을 지키고 다스리는 신.

1 의생활:

2 경제생활:

3 언어생활:

4 사고방식:

5 종교:

6 정치제도:

7 경제제도:

8 교육제도:

9 지역:

동화를 통해 문법 익히기

어느 날 김 선달은 한참을 돌아다니다가
산속에 있는 절에서 하루를 보냈어요.

1 '-다가'

어휘상에 대한 분석은 '-다가'라는 연결 어미는 독특한 특징이 있기에 '-다가'만을 대상으로 설명하면 다음과 같다.

'-다가'에서 나타나는 제약 조건을 살펴보는 과정은 한국어 문법의 핵심인 연결 어미와 어휘상과의 관계를 이해하는 데 도움을 준다. 또한, '-다가'는 연구 가치가 높은 형태소라서 이와 관련된 많은 연구 결과가 발표되었고, 표준국어대사전에 등록된 문법 형태소 '-다가'는 연결 어미와 조사의 두 가지로 등록되어 있다.

예시

- (전환) 교실이 조용하다(가) 갑자기 시끄러워졌다.
- (동시) 잠을 자다(가) 무서운 꿈을 꾸었어요.
- (원인) 못을 박다(가) 손을 다쳤어요.
- (나열) 날씨가 덥다(가) 춥다(가) 해.

연습

- (전환) 파도가 잠잠하다(가) 갑자기 거세졌다.

- (동시) 운동을 하다(가) 물을 마셨다.
- (원인) 수업 시간에 떠들다(가) 선생님께 혼났다.
- (나열) 아기들은 울다(가) 웃다(가) 한다.

> 그 돈은 값비싼 금은보화와 비싼 소를 잔뜩 살 수 있는 큰돈이었답니다.

② '-은/-는'

조사로 많이 쓰인다. '-은'은 앞 글자에 받침이 있는 경우에, '-는'은 앞 글자에 받침이 없는 경우에 사용한다.

* '-은/-는'의 공통된 문법: 주어 자리에 나타나서 표현된다.

  붙이는 단어는 끝음절에 받침이 있느냐 없느냐에 따라 달라진다.

* '-은/-는'은 대조, 강조의 의미를 나타낸다.

  앞에서 제시한 정보가 반복되어 나타날 때 사용된다.

  또한 부사격 조사나 부사와 결합이 가능하다는 장점이 있다.

예시

- 지수는 미국 사람입니다.
- 엄마는 사과를 좋아하고, 아빠는 딸기를 좋아합니다.

연습

- 판다는 죽순을 먹습니다.
- 아이돌은 굉장히 춤을 잘 춥니다.
- 언니는 돈가스를 주문했고, 나는 우동을 주문했습니다.

글쓰기

1. 여러분이 이 동화를 읽고 느끼게 된 점과 동화를 통해 배우게 된 것을 자유롭게 써 보세요.

1 마인드맵(생각 나무 활용) 그려 보기

② 마인드맵의 어휘를 사용하여 장문으로 작성하기

2. 여러분이 이 동화에서 배우게 된 교훈은 무엇인지 자유롭게 써 보세요.

3. 이 전래 동화에서 가장 기억에 남는 '한국 문화'는 무엇인지 그 이유와
함께 써 보세요.

조선 시대에 기초적인 초등 교육을 담당하던 기관은 '서당'이었다. 서당에서는 '훈장님'이라 불리는 선생님이 자기 집에서 교육을 하기도 하고 마을 양반 유학자가 아이들을 가리키기도 했다. 서당을 차리면 교육을 받는 아이의 부모는 농사를 지어 생산되는 곡식을 내기도 했다.

'하늘 천, 땅 지, 검을 현, 누를 황'을 이야기하며 훈장님과 어린애들이 천자문을 외우는 이미지는 우리가 쉽게 접할 수 있다. 김홍도의 '서당도'를 보면 어린아이가 훈장님께 혼이 나고 눈물을 흘리는 장면을 볼 수 있다. 이곳이 바로 서당인데, 주로 "소학"이나 사서삼경 등을 공부하곤 했다. "소학"과 사서삼경 모두 유교 사상을 기본으로 한 도서이며, 서당은 조선 시대 어린 학생들에게 유교 사상을 교육하던 기관이었다. 서당에서는 주로 책을 읽고 글을 쓰게 했으며 훈장님의 질문에 대답하는 방식으로 수업이 진행되었다. 따라서 학생마다 진도는 다 달랐고, 낙제가 되지 않기 위해 열심히 공부했다고 전해진다.

지금의 초등학교와 환경이나 교육 방식은 다를 수 있지만, 서당은 어린 학생들의 기본적인 교육을 담당했던 아주 중요한 기관이라고 볼 수 있다. 서당에서 공부를 한 학생들은 수준과 환경에 따라 마을 향교나 서원, 더 나아가 과거 시험을 보기도 했다. 조선 시대에도 교육에 대한 학구열은 높은 편이었다. 이를 뒷받침할 수 있는 이야기가 바로 '한석봉'에 관한 이야기다.

한석봉의 어머니는 떡장수를 했는데 한석봉에게 글공부를 10년간 시키며 살림을 꾸려 갔다. 한석봉이 공부를 더 잘할 수 있도록 어머니는 한석봉을 멀리 절로 보냈는데, 어느 날 한석봉이 어머니와 집이 그리워 무작정 찾아온다. 하지만 어머니는 한석봉에게 "이 촛불을 끄고 나는 떡을 썰 테니 너는 글씨를 써 보거라." 하고 제안한다. 대결 결과는 한석봉 어머니의 승리였다. 어머니의 떡은 가지런했으나 한석봉의 글씨는 무척 삐뚤빼뚤 엉망이었다. 그 모습을 본 어머니는 한석봉에게 크게 호통을 치며 다시 내쫓았고 한석봉은 깊이 뉘우쳐 10년을 다 채운 후 훌륭한 학자가 되었다는 이야기이다.

생각해 보기

1 과거 제도는 현대 사회에서 어떤 시험과 비슷할까요?

2 여러분 나라에도 이와 비슷한 국가시험 제도가 있나요? 있으면 소개해 주세요.

3 현대 한국 사회에서도 과거 제도 외 음서, 천거가 있다면 어떤 기분일까요?

단군 신화

1 내용적인 부분

한국의 역사적 인물에 대해서 이해할 수 있다.

한국의 국가 체계에 대해서 이해할 수 있다.

2 문법적인 부분

한국어 문법 '-는데', '-은데'에 대해서 이해할 수 있다.

3 학습 대상

본 학습은 외국인 학습자 중 한국어 능력 4급 이상인 학습자를 대상으로 하며, 외국인 중학교 이상부터 대학생을 대상으로 학습을 진행하고자 한다.

단군 신화 동화 개요

1. 핵심 등장인물

1 환인

환인(桓因)은 환웅의 아버지로 단군왕검 할아버지로 전해지고 있다. 또한, '단인(檀因)'이라고도 불린다. 한민족의 건국 신화인 단군 신화에 등장하는 중요한 핵심 인물이며, 환웅이 인간 세상으로 내려가 세상을 다스릴 것을 허락하고 천부인 3개를 주었다.

② 환웅

환웅(桓雄)은 환인의 아들로 단군 신화의 주요 인물이다. 또한, 단군의 아버지로 전해지는 신화 속 인물로, 단웅(檀雄) 또는 신웅(神雄)이라고도 불리기도 한다. 고조선이 만들어지기 전에 홍익인간(弘益人間)의 뜻을 널리 알리기 위해 하늘에서 내려와 신시를 세우고 단군을 낳은 주인공이다.

③ 단군

단군(檀君, 壇君) 또는 단군왕검(檀君王儉)이라고 불린다. 이 주인공은 한민족의 신화적인 시조이며, 고조선의 창시자로 전해지는 매우 중요한 인물이다.

2. 핵심 내용 및 관련 내용

단군 신화는 우리 민족이 세운 최초의 국가인 고조선의 대표적인 건국 신화이다. 다른 건국 신화들의 전거(典據)가 되는 한국의 대표 신화라고 할 수 있다. 그러므로 이를 통해서 우리 한국 문학의 처음 모습을 확인할 수 있다. 외국인들은 이 전래 동화를 통해 국가를 세운 시조의 영웅성과 신성성, 민족적 정체성 고취 등에 대해 이해할 수 있으며, 건국 신화의 특성에 이해할 수 있을 것이다.

단군 신화 속 한국 문화

대분류	중분류	교수 내용	동화 내용
일상생활	의생활	한국의 전통 의상	한복
가치관	종교	한국의 민간 신앙	금기 행동 (쑥과 마늘만 먹기, 동굴에서 나가지 않기)
			환인, 환웅
역사	시대	한국의 전근대사	고조선
	인물	한국의 역사적 인물	단군왕검
풍습	관혼상제	한국의 연애 문화	과거 연애하지 않고 결혼
정치	정치 제도	한국의 국가 체제	세습(환웅 → 단군)

옛날 옛적 하늘의 황제 환인의 아들인 환웅은 하늘 아래 한반도 태백산 신단수를 내려다보곤 했습니다. 그곳을 내려다보며 인간 세상을 다스려 보고 싶다고 생각을 했습니다.

환웅은 본인이 도와줄 수 있는 방법이 많다고 생각했고 아버지 환인에게 내려가 다스릴 수 있도록 허락해 달라고 했습니다. 고민 끝에 환인은 환웅에게 원하는 곳에 내려가 인간 세상을 다스려 보라고 말했습니다.

환웅은 기뻐하며 인간 세상으로 나갈 준비를 했습니다. 그리고 환웅은 환인으로부터 천부인 3개를 받아 내려왔습니다. 천부인은 청동검과 청동거울, 청동방울로 인간 세상을 다스릴 때 이용하라고 환인이 준 것이랍니다. 환웅은 자신을 도와줄 3천 명의 무리와 태백산 신단수 아래로 내려갔습니다. 그리고 그곳을 신시(神市)라 불렀습니다.

환웅은 인간 세상을 이롭게 하고자 바람을 다스리는 풍백과 비를 다스리는 우사, 구름을 다스리는 운사와 함께 내려왔는데, 이들에게 각자 역할을 부여했습니다. 이들은 환웅과 함께 360여 가지의 일을 다스리고 농사와 질병, 형벌, 생명 등을 관리하며 인간들이 행복하게 살 수 있도록 힘썼답니다.

어느 정도 시간이 흐르자, 세상이 안정되기 시작했습니다. 농사도 풍요롭게 잘되고 범죄와 질병 없이 행복하게 잘 살 수 있게 되었지요. 인간들은 환웅의 백성이 되어 그를 존경하고 숭배하기 시작했습니다. 환웅은 이제 훌륭한 왕으로 자리를 잡았답니다. 모든 것이 안정적으로 되자, 환웅도 결혼한 여자를 찾기 시작해야 했습니다.

환웅은 지상 세상의 임금이었기 때문에 주변에 많은 여인이 혼인하고자 원했지만, 쉽게 결정할 수 없는 문제였죠. 그래서 환웅은 더욱더 좋은 배필을 찾기 위해 고민하기 시작했습니다.

바로 그쯤 인간이 되고 싶은 곰과 호랑이가 살고 있었습니다.

"얘 호랑이야, 너도 인간이 되고 싶니?"
"맞아, 나는 너무나도 인간이 되고 싶어. 인간들이 사는 모습을 보니 나도 인간이 되고 싶어."
"나도 그래. 좋은 방법이 없을까?"

둘은 머리를 서로 모아 고민을 했습니다. 그리고 좋은 방법이 떠올랐습니다.

"우리 환웅 임금님께 부탁을 드려 보자!"

곰은 호랑이에게 싱글벙글 웃으며 큰 소리로 말했습니다.

"환웅님은 우리를 바꿔 주실 수 있을 거야."

곰의 이야기에 호랑이도 눈을 반짝이며 기뻐했습니다.

"그래, 우리 환웅님께 이야기하자."

둘은 환웅을 찾아가 공손하게 머리를 조아렸습니다. 곰과 호랑이를 본 환웅은 그들에게 무슨 일인지 물어봤습니다.

"저희는 사람이 되고 싶습니다."

호랑이와 곰은 환웅에게 납작 엎드려 부탁을 드렸습니다. 둘은 사람이 되고 싶다고 계속 부탁을 드렸습니다.

"너희가 사람이 되고 싶다 하였는데, 그럼 한 가지 방법을 가르쳐 줄 수 있다."
"정말입니까?"

곰과 호랑이는 기뻐하며 눈물을 흘렸습니다. 환웅은 곰과 호랑이에게 엄청나게 많은 마늘과 쑥을 건넸습니다.

"너희가 진정으로 사람이 되고 싶다면 이 마늘과 쑥만을 100일 동안 먹을 수 있 겠느냐? 그리고 햇빛이 전혀 들지 않는 동굴에서만 살아야 한다."

환웅의 이야기를 들은 곰과 호랑이는 생각을 해 봤습니다. 둘 다 육식을 하는 동 물이기 때문에 마늘과 쑥만으로는 생활하기가 어려워 곰과 호랑이는 조금 망설였 습니다. 하지만 인간이 너무 되고 싶었던 둘은 환웅의 제안을 흔쾌히 허락했습니 다. 그날부터 곰과 호랑이는 어두운 동굴로 들어갔습니다. 그리고 마늘과 쑥을 챙 겨 100일 동안 먹을 양을 나눴답니다.

"오늘부터 100일 동안 우리 마늘과 쑥으로 잘 버텨서 인간이 꼭 되어 보자."

곰과 호랑이는 의욕적인 모습을 보였습니다. 둘은 너무나도 먹기 싫었지만, 인간 이 되어 예쁜 한복을 입고 좋은 집에서 사는 모습을 생각하며 잘해 보자고 마음을 다잡았습니다.

동굴로 들어간 처음에는 곰과 호랑이 모두 마늘과 쑥을 맛있게 먹으며 날짜를 꼽기 시작했습니다. 일주일이 지나도 이 주일이 지나도 둘에게는 아무런 변화가 일어나지 않았습니다. 그대로 꼬리도 있고 털도 여전히 북슬북슬했죠.

"우리 정말 사람이 될 수 있을까?"

호랑이는 어두운 동굴에서 마늘을 씹으며 심드렁하게 말을 했습니다. 아무런 변화가 일어나지 않자, 호랑이는 불안감에 휩싸인 것이죠.

"좀만 더 기다려 보자. 환웅님이 없는 말씀을 하신 것은 아닐 거야."

곰은 하루하루 나눠 놓은 마을과 쑥을 먹으며 시간을 보냈습니다. 배가 고프기도 하고 입맛에도 맞지 않았지만, 인간이 되는 그날을 상상하며 꾹 참고 열심히 먹었죠. 그에 반해 호랑이는 너무나도 힘들어했습니다. 눈을 감으면 맛있는 생고기가 눈에 아른거리고 뛰어다니던 숲속과 넓은 들판이 아른거렸습니다.

'지금 이맘때는 날씨가 좋아 밖을 뛰어다니면 바람이 시원할 텐데. 그리고 맛있는 고기를 한입 가득 먹고 싶다.'

호랑이는 속으로 계속 밖을 상상했습니다. 마늘과 쑥을 먹어도 허기가 없어지지 않자, 호랑이는 점점 더 예민해지고 몸에 힘이 다 빠져 가기 시작했습니다.

"곰아, 너는 괜찮니? 난 지금 너무 힘들어."
"나도 마늘과 쑥이 싫지만, 우리 조금만 참으면 인간이 될 수 있어. 함께 힘내자."

둘은 힘든 시간이지만 서로 위로하며 100일을 무사히 채워 보자고 다짐했습니다.

그렇게 시간은 계속 흘렀고 둘은 어두운 동굴에서 많은 생각이 들었지만, 인간만을 생각하고 참고 또 참았습니다. 그리고 99일이 되던 날, 호랑이는 폭발하고 말았습니다.

"곰아, 우리 모습을 좀 봐. 하나도 변함이 없다. 여전히 나는 네 발로 걸어야 하고 꼬리도 있고 털도 그대로야. 내 날카로운 이빨도 마찬가지고. 환웅님이 우리에게 거짓을 말한 거야."

곰은 호랑이를 달랬습니다.

"호랑이야, 오늘은 99일이 되는 날이야. 하루만 더 참아 보자. 내일이면 우리도 바뀔 거야."

하지만 이미 화가 난 호랑이는 곰의 이야기가 하나도 들리지 않았습니다.

"아니! 이건 다 거짓말이야. 난 그냥 나가서 신나게 뛰고 고기를 먹어야겠어. 너나 멍청하게 환웅 이야기를 믿고 여기서 평생 살아라!"

호랑이는 마늘과 쑥을 냅다 집어 던지며 동굴을 뛰쳐나갔습니다.

"호랑이야, 돌아와! "

곰은 호랑이를 불렀는데 호랑이는 이미 동굴 밖으로 나간 뒤였습니다. 곰 역시 아무런 변화가 없는 자기 몸에 불안함을 느꼈지만, 환웅의 이야기를 믿고 조금 더 기다려 보기로 마음먹었습니다.

"나는 기왕 기다리는 김에 환웅님을 믿고 더 기다릴 것이야."

곰은 마늘과 쑥을 먹었습니다. 100일이 가까워지자, 그 많던 마늘과 쑥도 거의 바닥을 보이기 시작했죠. 그리고 대망의 100일이 됐습니다. 곰은 마지막 마늘과 쑥을 입에 넣고 천천히 씹어 먹었습니다. 바로 그때 동굴 문이 열리며 빛이 들어왔습니다. 100일 만에 햇빛을 본 곰은 눈을 찌푸리며 입구를 바라보았습니다.

"100일 동안 너는 마늘과 쑥만을 먹고 이 동굴에서 한 발짝도 나가지 않았구나."

환웅은 홀로 남아 있는 곰을 바라보았습니다. 곰은 환웅을 보며 머리를 조아리며 인사를 올렸습니다. 환웅은 자신의 이야기를 착실하게 지킨 곰을 보며 굉장히 흐뭇했습니다.

"힘든 시간이었을 텐데, 너는 나를 믿고 약속을 다 지켰구나."

환웅의 이야기가 끝나자, 곰의 몸에 밝은 빛이 내뿜어져 나왔습니다. 그리고 이내 곰은 사람의 모습으로 변하기 시작했습니다. 곰은 아리따운 여자의 모습으로 변했고, 자기 모습을 확인한 곰은 기쁨의 눈물을 흘렸습니다.

"정말 인간이 되었습니다. 감사합니다. 환웅 임금님, 감사합니다."

곰은 인간으로 변한 자기 모습이 너무 좋아 환웅에게 계속해서 감사 인사를 건넸습니다.

환웅은 여자가 된 곰을 보며 이름을 붙여 주었습니다.

"앞으로 인간으로 살려면 이름이 있어야 한다. 앞으로 너의 이름은 '웅녀(熊女)'로 불리도록 하거라."

이제 더 이상 곰이 아닌 웅녀는 환웅에게 이름을 하사받고 뛸 듯이 기뻤습니다.

"이제 나에게도 이름이 생겼다. 정말 인간이 되었구나."

이름이 생긴 웅녀는 정말 사람이 된 기분을 흠뻑 누렸습니다. 웅녀를 바라보던 환웅은 약속을 잘 지키고 인내심이 있는 웅녀가 자신의 신붓감으로 안성맞춤이라는 생각이 들었습니다. 이 나라를 함께 보살피기 위해서는 지혜롭고 인내심이 있는 따뜻한 여자가 함께해야 하기 때문이었지요.

"웅녀, 너는 앞으로 나의 안주인이 되어 줄 수 있겠느냐?"

환웅에게 뜻밖의 제안을 받은 웅녀는 너무나도 놀랐습니다.

"한낱 곰이었던 제가 환웅 임금님의 신부가 될 수 있나요?"
"너는 그 힘든 시간을 모두 인내하고 약속을 다 지켜 왔다. 나에게는 너와 같은 신부가 필요하단다."

웅녀는 수줍게 웃으며 자신에게 손을 내민 환웅의 손을 잡고 동굴에서 빠져나왔습니다. 그리고 환웅과 웅녀는 사이좋고 행복한 시간을 보냈습니다. 그러던 어느 날 웅녀는 환웅의 아이를 가지게 되었습니다. 그리고 시간이 흘러 웅녀는 출산하게 되었습니다.

바로 그가 고조선을 세운 '단군왕검'이었답니다.

단군왕검은 고조선을 세워 나라를 잘 다스렸습니다. 그리고 도읍을 '아사달' 로 옮겨 1,500년 동안 다스렸습니다. 이후 산신이 되었는데 그때 단군의 나이는 1,908세였다고 합니다.

동화 내용 이해하기

1. 이 동화의 주인공 및 등장인물 이해하기

1 이 동화 속 등장인물 중 주인공은 누구인가요? 생각나는 대로 자유롭게 써 보세요.

2 여러분은 이 이야기에서 가장 관심 있는 인물이 누구인가요? 그 인물이 가장 관심 있었다면 그 이유는 무엇인가요?

3 여러분은 이 동화의 등장인물 중에서 어떤 인물이 되고 싶은가요?

2. 사건이 일어난 장소 및 배경

1 이 이야기에서 매우 중요한 사건이 있었습니다. 그 사건이 일어난 장소를 설명해 보세요.

2 그 장소에서 어떤 일들이 일어났나요?

3 그리고 왜 그런 일들이 일어났는지 여러분의 생각을 써 보세요.

3. 전래 동화의 배경 이해하기

1 '단군 신화'라는 제목을 보고 무엇이 느껴졌는지 설명해 보세요.

2 이 이야기에서 사건이 왜 일어났는지 그 이유에 대해 설명해 보세요.

3 그 사건은 이 동화에 나오는 인물 중 누구를 중심으로 일어난 것일까요? 자세히 써 보세요.

1 단군 신화에는 한국의 민간 신앙에 대해 나옵니다. 그 이야기는 쑥과 마늘만 먹기, 동굴에서 나가지 않기 등이 나오는데, 여러분은 주인공처럼 100일을 참을 수 있을까요? 자신의 생각을 자유롭게 써 보세요.

2 단군 신화에는 다양한 한국 문화가 나옵니다. 그 문화들 가운데 여러분은 어떤 문화가 가장 마음에 들었나요? 왜 마음에 들었는지 이유도 써 보시기 바랍니다.

1️⃣ 황제: '임금'을 이르는 말.

2️⃣ 한반도: 아시아 대륙의 동북쪽 끝에 있는 반도.

3️⃣ 천부인: 제위의 표지로서 하느님이 내려 전한 세 개의 물건.

4️⃣ 청동검: 청동으로 만든 칼.

5️⃣ 청동거울: 청동으로 만든 거울.

6️⃣ 청동방울: 청동으로 만든 방울.

7️⃣ 쑥: 국화과에 속하는 여러해살이풀로 식용으로 사용.

8️⃣ 질병: 몸의 온갖 병.

9️⃣ 생명: 사람이 살아서 숨 쉬고 활동할 수 있게 하는 힘.

🔟 마늘: 백합과의 여러해살이풀로 맛이 맵고 양념이나 반찬으로 사용.

표를 바탕으로 알맞은 내용 작성해 보기

1 의생활:

2 종교:

3 시대:

4 인물:

5 관혼상제:

6 정치제도:

곰은 호랑이를 불렀는데 호랑이는 이미 동굴 밖으로 나간 뒤였습니다.

1 '-는데'

'-는데', '-은데'는 '동사'에서는 '-는데'로 결합하고, '형용사'에서는 '-은데'로 결합하는 것이 특징이다.

이 두 가지 문법에 대한 구분은 동사 카드와 형용사 카드를 사용해서 연습을 하면 효과적이다.

예시

· 토요일에 영화를 보았는데, 재미가 무척 없었다.

· 일요일에 고기를 먹었는데 맛이 매우 없었다.

· 월요일에 숙제를 했는데 어려워서 무척 힘이 들었다.

연습

· 토요일에 영화를 (봤는데) 재미가 무척 없었다.

· 일요일에 고기를 (먹었는데) 맛이 너무 없었다.

· 월요일에 숙제를 (했는데) 어려워서 무척 힘이 들었다.

② '-은데'

'-은데'로 결합하는 것이 특징이다.

좋- + -은데 → 좋은데

높- + -은데 → 높은데

작- + -은데 → 작은데

많- + -은데 → 많은데

낮- + -은데 → 낮은데

넓- + -은데 → 넓은데

예시

· 교사: 오늘 날씨가 어때요?

　학생: 좋아요.

· 교사: 날씨가 좋아요. 공원에 갈까요? 날씨가 좋은데 공원에 갈까요?

　학생: 좋아요. 공원에 가요.

연습

· 날씨가 (맑은데) 공원에 갈까요?

· 기분이 (좋은데) 산책할까요?

· 마음이 (울적한데) 음악이나 들을까요?

글쓰기

1. 여러분이 이 동화를 읽고 느끼게 된 점과 동화를 통해 배우게 된 것을
   자유롭게 써 보세요.

1 마인드맵(생각 나무 활용) 그려 보기

2 마인드맵의 어휘를 사용하여 장문으로 작성하기

2. 여러분이 이 동화에서 배우게 된 교훈은 무엇인지 자유롭게 써 보세요.

단군 신화에서 곰이 사람으로 변해 환웅과 결혼을 한다. 이를 통해 실제 동물 곰이 아닌 곰을 숭배하는 부족 출신 여성과 결혼한 것을 알 수 있다.

원시 공동 사회에는 식물이나 동물 등 자연 현상을 숭배하는 토테미즘이 자리 잡고 있었다. 곰과 호랑이는 강인한 동물이기 때문에 사람들의 숭배를 받아 왔고 이를 중심으로 부족을 형성해 사람들이 살아온 것이다.

단군 신화에서 곰이 홀로 사람이 되고 혼인을 한 것을 통해 곰 부족과 호랑이 부족이 싸움을 벌였고 결국 곰 부족이 이겨 역사에 기록된 것이라고 볼 수 있다. 다만 한국적인 신화로 이야기가 전해 온 것이다.

또한 환웅과 웅녀의 결혼을 통해 이주 부족과 토착 부족이 힘을 합쳤다는 것도 유추할 수 있다. 환웅은 이주 부족이고 웅녀는 토착 부족으로 볼 수 있는데 고조선이 힘을 키우는 것을 보아 두 부족이 합쳐지면서 힘을 키웠다는 것을 알 수 있다. 고조선이 건국되는 시절은 청동기 시절로 당시에는 혼인을 통해 부족 간 힘을 합치고 세력을 키우는 경우가 많았기 때문에 흔한 상황이었다.

환웅은 하늘에서 내려올 때 우사와 운사, 풍백과 함께 오는데 이는 고조선 때부터 농사를 지어 왔다는 것을 보여 준다. 고조선이 농경 사회였다는 것을 알 수 있는 것이다.

단군 신화를 읽고 나면 단군의 나이에 집중하게 된다. 단군이 신선이 됐을 때 1,000살을 훌쩍 넘겼기 때문에 현실성이 떨어진다. 사실 '단군'은 '제사장'이라는 뜻을 가지고 있고 '왕검'은 통치자를 뜻한다. 즉, 단군왕검은 제사장이면서 통치자를 이야기하는 것으로 한 명이 그 오랜 시간을 살았다는 것이 아니라 단군왕검이라는 칭호를 가진 사람들이 고조선을 이끌어 갔다는 것이다. 제사와 정치를 모두 한 명이 맡아 나라를 통치하는 것을 '제정일치'라고 한다. 그러나 이후 건국되는 위만조선에서는 제정일치 모습이 보이지 않았다.

단군 신화를 읽으면 단순히 신화적 요소가 있는 흥미로운 이야기라고 느낄 수 있지만, 단군 신화는 다양한 사회 문화와 방식을 보여 준다. 농경 사회부터 종교, 정치 등 많은 모습을 파악할 수 있다.

생각해 보기

1 단군왕검 외 제정일치를 알 수 있는 칭호가 또 무엇이 있을까요?

2 고조선에서 종교는 어떤 의미였을까요?

제6과

아기 장수 우투리

학습 목표

1 내용적인 부분

한국의 풍족한 임금, 벼슬아치와 가난한 부부 등의 사회 문화와 한국의 민간 신앙에 대해 이해할 수 있다.

2 문법적인 부분

"우투리가 지리산에서 반격을 준비하고 있다고?"

이 문장을 통해 '-고 있다'의 문법을 이해할 수 있다.

3 학습 대상

본 학습은 외국인 학습자 중 한국어 능력 4급 이상인 학습자를 대상으로 하며, 외국인 중학교 이상부터 대학생을 대상으로 학습을 진행하고자 한다.

아기 장수 우투리 동화 개요

1. 핵심 등장인물

1 우투리

이 동화의 핵심 주인공이다. 어느 가난한 부부가 기도를 열심히 한 끝에 우투리를 낳게 되었다. 우투리는 태어날 때의 큰 목소리처럼 어릴 때부터 건강하고 남다른 모습을 보였다. 다른 아기들이 모두 이불에 누워 잠을 잘 때, 우투리는 잠깐 눈길을 걷으면 서랍장에 올라가 있거나 높이 쌓아 놓은 이불 위에 올라가 있었다.

그래서 두 부부는 우투리의 몸을 살펴보았더니 날개가 달려 있었다. 이렇게 우투리는 날개를 달고 태어난 특별한 주인공으로 등장한다.

② 가난한 부부

어느 마을에 매우 가난하게 살고 있는 부부가 있었다. 이 부부는 가난했지만 매우 사이가 좋았으며, 바라는 것이 있다면 아기를 갖는 것이었다. 그래서 부부는 아이를 갖게 해 달라고 기도를 열심히 하였다. 그러던 중 아이를 갖게 되었고 그 아이가 우투리인 것이다. 이 부부는 우투리를 열심히 보살피면서 살았다.

2. 핵심 내용 및 관련 내용

이 이야기는 지리산을 배경으로 하는 아기 장수를 모티브로 했으며 우리나라의 교육 과정 중 제7차 교육 과정 중학교 2학년 국어 교과서에 실릴 정도로 인지도가 높은 이야기이다.

또한, 이야기는 한반도 전체에 전해지는 아기 장수 설화 중 하나이다. 우투리는 우두머리의 변형이라는 이야기가 있으며, 또한, 동구리라고 부르기도 한다. 반쪽이처럼 웃통만 있는 아이라 해서 우투리라고 부르게 되었다. 제주도에도 삼별초와 김방경을 주인공으로 이 이야기와 비슷한 설화가 존재한다.

교과서에 실린 우투리 이야기는 서정오 작가가 편찬하고, 보리출판사에서 펴낸 저학년 대상 설화집인 "옛이야기 보따리" 시리즈 10권에서 가져온 것으로, 여러 구전 설화의 내용을 갈무리해서 다듬은 것도 있다.

대분류	중분류	교수 내용	동화 내용
일상생활	식생활	한국의 계절 음식	제철 과일
		한국인들의 주식	**좁쌀, 팥, 콩**
가치관	종교	한국의 민간 신앙	치성
			미신 (겨드랑이에 날개가 있는 아기는 영웅이라는 믿음)
사회	사회문제	한국의 사회문제(빈부 격차)	풍족한 임금 벼슬아치와 가난한 부부
지리	교통수단	한국의 주요 교통수단	말

옛날 옛적에 임금님과 벼슬아치들의 착취 때문에 백성들이 무척이나 고생을 하던 시대가 있었습니다. 얼마나 착취가 심했냐면 길가에서는 주인 없는 개가 수시로 밥을 굶고, 갓난아기들은 젖이 나오지 않는 엄마 때문에 울기가 일상이었습니다. 집마다 배고픔과 추위, 더위에 시달리는 사람들이 가득했답니다.

임금님과 벼슬아치들은 밥뿐 아니라 사시사철 맛있는 떡과 제철 과일을 먹으며 풍족하게 살아갔습니다.

그러던 어느 날, 지리산 자락 끝에 살던 어느 가난한 부부가 있었습니다. 부부는 아이가 생기지 않아 매일 치성을 드렸지만, 하늘도 무심하시지. 그들에게는 아이가 계속 생기지 않았습니다.

"우리에게 아이가 생기면 참 좋겠어요."
"여보, 우리 계속 하늘에 기도를 드려 봐요."

부부는 매일 하늘에 빌었습니다. 살기 어려운 시대이지만 사랑스러운 아기만 있다면 부러울 것 없이 살 수 있을 것만 같았죠.

시간이 흘러 하늘에 기도하던 가난한 부부에게도 아이가 찾아왔습니다. 부인은 임신을 했고 부부는 엄청나게 좋아했답니다. 부인은 아이를 낳을 때가 됐고 이윽고 출산을 하게 되었습니다.

"응애응애!"

우렁찬 울음소리가 집뿐 아니라 마을 전체에 울려 퍼졌습니다.

그런데 아무리 부부가 아기 탯줄을 끊으려고 해도 잘리지 않았습니다. 어떤 수를 써도 탯줄이 잘리지 않아 난감해하고 있을 때 동네 할머니 한 명이 나타나 억새풀을 뜯어 탯줄을 내리쳤습니다. 그러자 놀랍게도 탯줄이 뚝 하고 잘렸습니다.

부부는 우렁찬 울음소리와 건강한 아들을 보며 행복한 미소를 지었습니다.

"여보, 우리 아기 이름을 뭐라고 지어야 할까요?"
"건강하고 우렁찬 사내아이니 특히 신경을 씁시다."

골똘히 고민을 하던 부부는 아기 이름을 '우투리'라고 지었습니다.

"우투리야, 이름처럼 튼튼하고 건강하게 자라렴."

우투리는 태어날 때의 큰 목소리처럼 어릴 때부터 건강하고 남다른 모습을 보였습니다. 다른 아기들이 모두 이불에 누워 잠을 잘 때, 우투리는 잠깐 눈길을 걷으면 서랍장에 올라가 있거나 높이 쌓아 놓은 이불 위에 올라가 있었습니다.

"여보, 당신이 우리 아들을 이 높은 서랍장 위에 올려놓은 거예요?"
"무슨 소리예요? 아기를 왜 서랍장에 올려 둬요?"

이렇게 알 수 없는 일이 종종 발생했지만 이유를 알 수 없었습니다. 부부는 우투리에게 왜 이런 특별한 일이 발생할까 고민을 하다가 몸을 살펴보기 시작했습니다. 그런데 우투리의 겨드랑이 쪽에 작은 날개가 보였습니다.

"에구머니나! 여보 이거 날개 아니에요?"

부부는 우투리의 날개가 놀라우면서도 귀여웠지만 이내 고민에 빠졌습니다. 예로부터 겨드랑이에 날개가 있는 아기는 영웅이 될 운명을 타고났다는 설화가 있기 때문이었습니다. 그럴 경우, 임금과 벼슬아치들이 자신들의 안전을 위해 우투리를 죽일 것이 분명했죠.

"여보, 우리 우투리를 지켜 줍시다."
"나라님들이 알기 전에 빨리 도망쳐야 합니다."

부부는 우투리를 지켜 주기 위해 지리산 숲 안으로 이사를 가기로 했습니다. 우투리에게 날개가 있는 것을 세상이 알게 되면 우투리의 목숨이 위태로워지기 때문이었죠.

하지만 부부의 바람과 달리 우투리에게 날개가 있다는 것이 마을 사람들에게 소문이 났습니다. 우투리가 살포시 날아 서랍장 위로 올라가는 것을 본 마을 사람들이 있었기 때문이었죠.

"저기 부부 집 우투리가 글쎄 난다니까요?"
"그럼 날개가 있는 거야? 영웅이 태어난 건가?"

마을 사람들의 소문은 돌고 돌아 결국 궁까지 들어가게 되었답니다. 이 소식을 들은 임금은 크게 걱정을 하며 우투리를 잡아 올 것을 명했습니다.

임금의 명을 받은 군사들은 우투리를 잡으러 지리산으로 향했습니다. 이 모든 것을 알고 있던 우투리는 먼저 도망을 갔습니다. 우투리 집에 온 군사들은 우투리 부모에게 매질을 하며 우투리 위치를 물었지만 대답을 듣지 못했습니다.

결국 군사들은 우선 물러났고 이 모습을 우투리가 보게 되었습니다. 본인 때문에 고통받은 부모를 보며 우투리는 눈물을 흘렸습니다. 그리고 어머니에게 콩을 주며 이것을 볶아 갑옷을 만들어 달라고 부탁했습니다.

어머니는 우투리에서 받은 콩을 볶기 시작했습니다. 그때 어머니는 볶다가 톡 하고 튄 콩 한 알을 주워 먹었습니다.

'하나쯤은 먹어도 괜찮겠지.'

볶은 콩으로 갑옷을 만든 어머니는 우투리에게 전달해 줬습니다. 그런데 아까 주워 먹은 콩 하나 때문에 왼쪽 겨드랑이 날개 쪽이 비게 되었습니다.

그리고 좀 있다 우투리 집에 다시 군사들이 들이닥쳤습니다. 우투리는 어머니가 만들어 준 갑옷을 입고 나갈 준비를 했습니다.

"어머니, 제가 혹시 싸우다 죽거든 저를 뒷산 바위 밑에 묻어 주시고 콩과 좁쌀, 팥을 서 되씩 함께 넣어 주세요. 그리고 절대 저를 어디에 묻었는지 3년 동안 말씀하시면 안 됩니다."

우투리는 어머니에게 신신당부를 하고 떠났습니다.

우투리를 잡기 위해 온 군사들은 엄청난 양의 화살을 쏘기 시작했습니다. 우투리에게 비범한 능력이 있는 것을 알기 때문에 만반의 준비를 하고 온 것이죠. 비처럼 내리는 화살이 우투리 갑옷에 닿자 모두 부러지기 시작했습니다.

볶은 콩으로 만든 갑옷은 웬만한 화살과 칼을 모두 막아 주었답니다. 그런데 바로 그때, 왼쪽 겨드랑이 날개 쪽으로 화살 하나가 박히고 말았습니다.

"으악!"

우투리는 결국 그 화살 때문에 목숨을 잃고 말았습니다. 군사가 모두 돌아가고 우투리의 부모는 슬피 울며 우투리 시신을 뒷산 바위에 묻어 주었습니다. 그리고 요청한 대로 좁쌀과 팥, 콩을 함께 묻어 주었습니다.

한편 우투리가 죽었다는 이야기를 들은 임금은 크게 기뻐했습니다.

"이제 걱정거리가 줄었다."

하지만 그 안심도 잠시 우투리가 죽고 삼 년 정도 흐르자 나라에 소문이 돌기 시작했습니다. 우투리가 살아 있다는 것이었죠. 그 소문은 돌고 돌아 임금의 귀에까지 들어갔습니다.

"우투리가 지리산에서 반격을 준비하고 있다고?"

지리산에서 말발굽 소리와 병사 소리가 들린다는 이야기를 들은 임금은 우투리를 직접 죽여야겠다고 생각했습니다.

임금은 군사를 이끌고 우투리 집으로 찾아갔습니다. 임금은 우투리 부모에게 우투리를 묻은 곳을 물어봤지만 그들은 아무 말도 하지 않았습니다. 그러자 임금은 큰 칼을 뽑아 우투리 아버지 목에 가져갔습니다. 그 모습을 본 우투리의 어머니는 울며 솔직히 말을 했습니다.

"뒷산 큰 바위에 묻었어요!"

임금은 군사를 이끌고 뒷산 큰 바위로 향했습니다. 하지만 그곳에는 우투리의 무덤처럼 보이는 것이 아무것도 보이지 않았습니다. 답답한 임금은 군사들과 여기 저기 파 보았지만 아무것도 나오지 않자 다시 부부에게 갔습니다.

"아무리 봐도 큰 바위에서 우투리의 무덤은 보이지 않는다. 우투리가 태어날 때 특별한 특징이 뭐 없었느냐?"

임금은 큰소리를 쳤지만 아까와 같이 부모는 아무 말도 하지 않았습니다.

"이래도 아무 말 안 할 것이야?"

임금은 또 큰 칼을 우투리 아버지의 목에 가져가 위협을 했습니다. 그 모습을 본 우투리 어머니는 깜짝 놀라 울며 솔직히 이야기를 하고 말았습니다.

"사실 우리 우투리를 낳을 때 탯줄이 잘리지 않아 억새로 탯줄을 끊었습니다"
"그거구나!"

임금은 억새를 꺾어 다시 뒷산 큰 바위로 향했습니다. 그리곤 억새로 큰 바위를 내리쳤습니다.

우지끈!

큰 바위는 둘로 쪼개지며 큰 굉음을 냈습니다. 그런데 바로 그때 큰 바위 안에 놀라운 광경이 펼쳐졌습니다.

큰 바위 안에 우투리가 살아 있었고 좁쌀과 팥, 콩이 병사로 변해 큰 대열을 만들고 있었습니다. 그리고 우투리는 말 안장에 올라 발을 하나 걸치고 있었답니다.

하지만 큰 바위가 열리면서 결국 우투리는 스르륵 사라져 버렸고 좁쌀, 팥, 콩으로 만들어진 병사들 또한 스르륵 사라져 녹아 버렸습니다.

사실 이날은 우투리가 죽은 지 3년이 되기에 하루 부족한 날이었답니다. 우투리의 유언대로 3년만 채웠으면 못된 임금과 벼슬아치를 우투리가 몰아낼 수 있었던 것이죠.

결국 우투리는 3년을 채우지 못하고 발견되어 죽고 말았답니다. 우투리가 녹아 사라졌을 때, 지리산 한 끝자락 냇가에 날개가 달린 말이 나타나 구슬피 울었다는 이야기가 전해진답니다.

1. 이 동화의 주인공 및 등장인물 이해하기

1 이 이야기에 등장하는 가장 핵심 주인공은 누구인가요?

2 여러분은 이 이야기에서 가장 관심 있는 등장인물은 누구인가요? 왜 가장 관심을 갖게 되었는지 그 이유도 써 보세요.

3 여러분은 이 동화의 등장인물 중에서 어떤 인물이 되고 싶은가요?

2. 사건이 일어난 장소 및 배경

1 우투리는 어떻게 태어나게 되었나요?

2 우투리는 왜 어릴 때 장롱 위에도 올라가고 하는 그런 모습을 보였나요?

3 임금은 왜 우투리를 잡으려고 했는지 자세히 써 보세요.

3. 전래 동화의 배경 이해하기

1️⃣ '아기 장수 우투리'라는 제목을 보고 무엇이 느껴졌는지 설명해 보세요.

2️⃣ 사건의 배경은 무엇인지 설명해 보세요.

3️⃣ 아기 장수 우투리에서 어느 부분이 재미있었는지 여러분의 생각을 자세히 써 보세요.

아기장수 우투리를 통한 한국 문화 이해하기

1 이 이야기에는 한국의 사회 문화(빈부 격차)를 다루는 이야기가 등장합니다. 여러분의 나라에도 이런 비슷한 문화가 있는지요? 그렇다면 비교해서 설명해 보세요.

2 아기 장수 우투리에는 다양한 한국 문화가 나옵니다. 그 문화들 가운데 여러분은 어떤 문화가 가장 마음에 들었나요? 그 한국 문화가 왜 마음에 들었는지 이유도 써 보시기 바랍니다.

동화를 통해 어휘 배우고 연습하기

1 임금님: '임금'의 높임말.

2 벼슬아치: 관아에 나가서 나랏일을 맡아 보는 사람.

3 백성: 나라의 근본을 이루는 일반 국민.

4 착취하다: 계급 사회에서 생산 수단을 소유한 사람이 생산 수단을 갖지 않은 직접 생산자로부터 그 노동의 성과를 무상으로 취득하다.

5 임신: 아이나 새끼를 뱀.

6 출산: 아이를 낳음.

7 탯줄: 태아와 태반을 연결하는 관으로 산소와 영양분을 공급.

8 날개: 새나 곤충의 몸 양쪽에 붙어서 날아다니는 데 쓰는 기관.

9 사내아이: '남자아이'를 친근하게 이르는 말.

10 겨드랑이: 양편 팔 밑의 오목한 곳.

표를 바탕으로 알맞은 내용 작성해 보기

1 식생활:

2 종교:

3 사회문제:

4 교통수단:

우투리가 지리산에서 반격을 준비하고 있다고?

1 '-고 있다'

'-고 있다'는 동작의 진행을 나타낼 때 사용한다. 그리고 동작 진행 동사로 사용할 수 있다. 그리고 받침이 있는 경우, 없는 경우 모두 사용한다.

예시

· 저는 그때 숙제를 하고 있어서 전화를 못 받았어요.

· 저는 샤워를 하고 있어서 소리를 못 들었어요.

· 저는 지금 커피를 마시고 있어요.

연습

· 지금 뭐 해요?

저는 지금 밥을 (차리고) 있어요.

· 지금 뭐 해요?

저는 지금 (그림 그리고) 있어요.

글쓰기

1. 여러분이 이 동화를 읽고 느끼게 된 점과 동화를 통해 배우게 된 것을 자유롭게 써 보세요.

1 마인드맵(생각 나무 활용) 그려 보기

② 마인드맵의 어휘를 사용하여 장문으로 작성하기

2. 여러분이 이 동화에서 배우게 된 교훈은 무엇인지 자유롭게 써 보세요.

아기 장수 우투리 속 한국 문화 정리

2023년 5월 초부터 방영한 tvN '구미호뎐 1938'에서는 다양한 우리 토속 신들이 등장한다. 산신부터 집을 지키는 신, 도박을 좋아하는 도깨비, 천하대장군 등 한국인이라면 어릴 때부터 듣고 자랐던 다양한 신에 대한 이야기를 다루고 있다. 일명 토종 요괴라고 불리는 신적 등장인물이 나오는 것이다.

지난 시즌에서부터 지금까지 '구미호뎐 1938'에서는 우렁 각시와 어둑시니, 여우 누이 등 전래 동화 주인공들이 대거 등장하면서 현대 사회에서 잊히고 있던 한국 동화에 대한 관심을 이끌어 내고 있다.

올해 방영한 '구미호뎐 1938'에서는 '우투리의 검'이 등장한다. 삼천갑자 동방삭을 없애기 위해서는 우투리의 검이 필요하다며 아기 장수가 언급된다. '구미호뎐 1938'에서는 자연스럽게 여러 한국 문화를 현대적으로 적절하게 녹여 내고 있다. 또한 우투리의 검을 포함한 대부분의 이야기를 전래 동화를 넘어 현대적으로 또 다른 이야기로 그려 내고 있다. 사람들 기억 속에서 사라져 가는 구미호 설화를 바탕으로 설화들이 다시 생명을 얻고 전 세계적으로 함께 즐길 수 있는 이야기로 확대될 수 있다(전수정, 2022).

아기 장수 우투리는 웹툰에서도 만날 수 있다. 우투리는 영웅적인 면모가 두드러지고 비범한 능력이 부각되기 때문에 액션 판타지가 중심인 웹툰에서 모티브가 되어 이야기가 진행된다.

우투리를 없애려고 계속 노력을 했던 임금은 조선을 세운 태조 이성계라는 주장이 있다. 이성계는 자신에게 위협이 되는 우투리를 없애기 위해 계속적인 시도를 한 것인데, 우투리라는 영웅적 인물이 나타난 이유는 바로 그 시대를 살아간 민중들의 소망이 아닐까 싶다.

살기 어려웠던 고려 말에서 조선 초기 민중들이 본인들의 삶을 구원해 줄 수 있는 영웅을 기다리는 소망을 담아 이야기가 만들어졌다고 보인다. 전해 내려져 오는 많은 이야기는 민중의 삶을 담고 있고 원하는 사회상과 하고자 하는 행동들이 반영되어 있다. 아기 장수 우투리를 읽을 때 단순히 영웅 이야기로 읽는 것보다 그 시절 백성들의 삶이 어땠을지 생각해 보는 것도 아기 장수 우투리 이야기를 이해하는 데 도움이 될 수 있다.

생각해 보기

1 아기 장수 우투리가 만약 다시 살아났다면 어떤 왕이 되었을까요?

2 왜 우투리는 좁쌀과 콩, 팥으로 병사를 만들었을까요?

제7과

해님 달님

학습 목표

1 내용적인 부분

이 이야기에 나오는 한국 문화인 의생활, 주생활, 언어생활을 통해서 한복, 초가
집, 오누이 등에 대해서 이해할 수 있다.

2 문법적인 부분

'-는데', '-ㄹ 수 있다'에 대한 한국어 문법을 배울 수 있다.

3 학습 대상

본 학습은 외국인 학습자 중 한국어 능력 4급 이상인 학습자를 대상으로 하며,
외국인 중학교 이상부터 대학생을 대상으로 학습을 진행하고자 한다.

해님 달님 동화 개요

1. 핵심 등장인물

1 어머니

이 동화에서는 떡을 팔면서 두 오누이를 키우는 홀어머니가 등장한다. 그러던
어느 날, 어머니는 떡을 좋아하는 호랑이에게 잡아먹히고 만다.

② 오누이

이 동화의 핵심 주인공으로 호랑이가 집에 찾아와 도망치다 잡아먹힐까 봐 나무 위로 도망갔다. 그러나 호랑이도 따라 올라올까 봐 겁에 질려 기도를 했다가 해와 달이 된 주인공이다.

2. 핵심 내용 및 관련 내용

어느 마을에 떡을 매우 좋아해서 만들고 파는 가족이 살고 있었다. 그러던 어느 날, 호랑이가 이웃집에 떡을 가져다주고 오던 어머니를 잡아먹고 말았다. 호랑이는 어머니의 옷과 머릿수건으로 변장을 하고 떡을 먹기 위해 오누이가 있는 집으로 찾아갔다.

오누이는 문구멍으로 내다보고는 어머니가 아닌 줄 의심하고, 뒷문으로 도망쳐 나무 위로 피했다. 이를 본 호랑이가 나무로 따라 올라오자, 겁에 질린 오누이는 하늘에 빌어 하늘에서 내려 준 쇠줄을 타고 올라가 해와 달이 된다는 유명한 이야기이다.

대분류	중분류	교수 내용	동화 내용
일상생활	의생활	한국의 전통 의상	한복
	식생활	한국의 전통 음식 특별한 날에 먹는 음식	떡
	주생활	한국의 주거 형태	초가집
	언어생활	한국의 친족 호칭	오누이, 누이동생
	가정생활	**한국의 가족 형태**	한 부모 가정
가치관	종교	한국의 민간 신앙	하늘에 대한 기도(비나이다)
			말

　　옛날 옛적에 사이좋은 오누이가 엄마와 함께 살았습니다. 오누이는 사이가 무척 좋아 마을에서 소문이 자자했답니다. 오누이의 엄마도 남편 없이 혼자 자녀들을 키우며 열심히 살아가고 있었습니다.

　　오누이의 엄마는 주로 떡을 만들어 팔았는데 동네에서도 팔고 산을 넘어 옆 동네까지도 가서 떡을 팔았답니다. 워낙 떡의 맛이 좋아 인기가 좋기도 했고, 홀로 오누이를 키워야 하기 때문에 열심히 떡을 만들어 팔았습니다.

　　잔치가 있는 집에 가 많은 떡을 팔기도 하고, 아기가 태어난 집이나 환갑잔치가 있는 집에도 언제나 빠지지 않고 찾아가 떡을 팔았답니다. 그럴 때마다 오누이는 집 문을 꽁꽁 잠그고 떡을 팔고 돌아올 엄마를 기다렸습니다.

　　그러던 어느 날, 산 너머 건넛마을 잔치가 있던 집에 다녀온 엄마는 결국 해가 지고 난 후에야 산을 겨우 넘을 수 있었습니다. 해가 진 산속은 정말 무서웠지만, 집에 있는 오누이를 생각해 엄마는 발걸음을 바삐 움직였습니다. 그러던 그때 엄마 앞에 커다란 호랑이가 나타났습니다.

　　“어흥! 떡 하나 주면 안 잡아먹지?”

　　호랑이는 큰 소리로 울며 엄마 주변을 맴돌았습니다. 엄마는 벌벌 떨면서 소쿠리에 있는 떡을 하나 호랑이에게 던졌습니다. 하지만 호랑이는 돌아가지 않고 또 나타나 엄마 앞을 가로막았습니다.
　　“어흥! 떡 하나 주면 안 잡아먹지?”

"아까 하나 주지 않았습니까?"

"고작 떡 하나 가지고 누구 코에 붙이라고?"

하는 수 없이 엄마는 소쿠리에 손을 넣어 떡을 하나 더 던졌습니다. 호랑이가 또 나타날까 무서웠던 엄마는 발걸음을 더 빨리 움직였습니다. 하지만 호랑이는 또 나타나 떡을 달라고 했고, 엄마는 떡을 던져 주었습니다.

그렇게 몇 번을 반복하자 엄마의 떡 소쿠리에는 떡이 하나도 남지 않게 되었었습니다. 엄마는 눈을 질끈 감았고 호랑이는 또 나타나 떡을 달라고 말했습니다.

"떡은 이제 없어요."

떡이 없다는 말을 들은 호랑이는 큰 소리로 말했습니다.

"떡이 없다면 널 잡아먹겠다!"

불쌍한 엄마는 결국 호랑이에게 잡아먹히고 말았습니다. 하지만 호랑이는 여기서 멈추지 않고, 골똘히 생각한 끝에 엄마로 분장을 하기로 했습니다. 엄마로 분장한 호랑이는 그 길로 집으로 가 아이들까지 다 잡아먹을 생각이었습니다.

"이 여자 집에 가면 애들이 있겠지?"

호랑이는 엄마 복장을 하고 얼른 집으로 향했습니다. 호랑이가 집에 도착하자 오누이가 살고 있는 집 창문에 작은 그림자 두 개가 보였습니다.

"이 집이구나."

호랑이는 엄마인 척 집으로 가 목소리를 가다듬었습니다.

"큼큼, 얘들아! 엄마 왔다."

엄마 목소리를 내며 호랑이는 집 문을 열어 달라고 말했습니다.

"엄마가 왔다니까. 문 열어 봐, 얘들아."

한편 집에 있던 오누이들은 엄마가 온 줄 알고 기뻤습니다.

"엄마가 왔나 봐, 오빠."
"잠깐만, 엄마 목소리가 맞아?"

호랑이의 목소리를 들은 오빠는 의심을 하기 시작했습니다.

"얘들아, 문을 열어 보라니까?"

호랑이는 오누이를 재촉했습니다. 하지만 오빠는 의심을 하며 문을 열어 주려는 동생을 막았습니다.

"아니야. 이건 엄마 목소리가 아니야. 엄마 목소리보다 굵어. 마치 호랑이 같아."

오빠는 떨리는 목소리를 가다듬으며 말했습니다.

"진짜 엄마가 맞아요? 엄마가 맞는다면 이 문으로 손을 넣어 보세요."

호랑이는 그 말을 듣고 당황했지만 엄마에게서 뺏은 떡 소쿠리에 있는 하얀 밀가루를 앞발에 덕지덕지 묻혔어요.

"자, 이거 봐라. 내 고운 손을 봐도 의심이 생기니?"

호랑이는 하얀 밀가루가 묻은 앞발을 내밀며 얼른 문을 열어 달라고 졸랐습니다. 하지만 앞발을 본 오빠는 더욱 의심을 하기 시작했습니다.

"이것 봐. 이건 분명히 호랑이야. 엄마가 아니야."
"하지만 엄마처럼 손이 고운걸? 엄마야. 엄마가 오셨어."

그 순간 엄마가 보고 싶었던 동생은 문을 열었습니다.

"엄마!"

하지만 문이 열리면서 보이는 건 엄마 옷을 입고 있는 호랑이였습니다.

"어흥! 드디어 문을 열었구나."
"엄마야!"

오누이는 호랑이를 보자 혼비백산했습니다. 호랑이는 엄마가 입고 있던 한복을 벗어 던지며 오누이가 살고 있는 초가집으로 뛰어 들어왔습니다.

"도망가!"

오빠는 동생에게 소리치며 뒷문으로 빠져나왔습니다. 둘은 뒤뜰을 향해 뛰며 도망쳤습니다.

"저기! 저기로 올라가!"

오누이는 열심히 달려 뒤뜰 우물가로 도망쳤습니다. 오빠는 동생에게 우물가에 있는 나무로 가라고 말했습니다. 동생은 오빠와 함께 나무를 향해 뛰어갔답니다. 오누이는 가볍게 나무를 올라탔습니다. 한참을 올라가던 남매는 제법 꼭대기로 올라가 바닥을 내려다보며 말했습니다.

"오빠, 여기는 나무 위쪽이라 호랑이도 못 올 거야. 그렇지?"
"그래, 걱정하지 말고 여기서 호랑이가 갈 때까지 기다리자."

그런데 바로 그때, 호랑이는 집에서 도끼를 가지고 나왔습니다.

"도끼가 있으면 쉽게 올라갈 수 있지."

호랑이는 도끼로 나무를 찍으며 올라가기 시작했습니다. '쿵쿵쿵!' 점점 오누이가 있는 곳까지 가까워지자 둘은 흐느껴 울기 시작했습니다.

"비나이다, 비나이다. 하늘이시여, 제발 저희를 살려 주세요."

오누이는 손을 빌며 하늘에게 빌고 또 빌었습니다.

"비나이다, 비나이다. 하늘이 계시다면 제발 저희를 살려 주세요."

바로 그때 오누이의 기도를 들은 하늘에서 밧줄 한 가닥이 내려왔습니다.

"오빠, 밧줄이야! 이 밧줄이 튼튼할까?"

"모르겠어. 그래도 일단 방법이 없으니 우리 붙잡고 오르자."

오누이는 밧줄이 끊어질까 봐 무서웠지만 무서운 속도로 올라오는 호랑이를 보고 어쩔 수 없이 목숨을 걸고 오르기 시작했습니다. 하늘에서 내려온 밧줄을 타고 올라가는 남매를 본 호랑이는 눈을 반짝였습니다. 그리곤 호랑이도 도끼를 내려놓고 빌기 시작했습니다.

"하늘이시여, 저 오누이에게 내려 준 밧줄을 저에게도 주세요."

하늘에서 밧줄이 하나 내려왔습니다. 호랑이는 '옳거니!' 하고 밧줄을 잡았습니다. 호랑이는 밧줄을 잡고 오르기 시작했습니다. 바로 그때 밧줄이 끊어지면서 호랑이는 땅으로 떨어져 버렸습니다. 호랑이가 떨어진 곳은 수숫대가 있는 밭이었습니다. 호랑이는 수숫대에 찔려 죽었고 수수 속은 호랑이 피 때문에 빨갛게 물들었답니다.

한편 호랑이를 피해 도망간 오누이는 하늘로 올라갔습니다. 하늘에 간 오누이를 만난 옥황상제는 그동안의 이야기를 모두 들었습니다. 옥황상제는 오누이를 불쌍하게 여겨 둘을 하늘에서 살 수 있도록 도와주었답니다.

"앞으로 너희 둘은 하늘에 살면서 각자 위치를 맡아 주거라. 오빠는 밤의 달이 되고, 누이동생은 해님이 되거라."

옥황상제의 말에 오누이는 하늘에서 살 수 있게 되었습니다. 오빠는 어두운 밤을 밝혀 주는 달이, 겁이 많았던 동생은 밝은 낮의 해님이 되었답니다.

동화 내용 이해하기

1. 이 동화의 주인공 및 등장인물 이해하기

1 이 동화 속 등장인물 중 주인공은 누구인가요?

2 이 동화에서 가장 관심 있는 등장인물은 누구인가요?

3 여러분은 이 동화의 등장인물 중에서 어떤 인물이 되고 싶은가요?

2. 사건이 일어난 장소 및 배경

1 주인공들은 어떻게 살고 지냈는지 아는 대로 써 보세요.

2 오누이의 어머니는 왜 호랑이에게 잡아먹히게 되었나요?

3 어머니를 잡아먹은 호랑이는 그 뒤 무슨 행동을 했는지 써 보세요.

3. 전래 동화의 배경 이해하기

1 '해님 달님'이라는 제목을 보고 무엇이 느껴졌는지 설명해 보세요.

2 이 이야기에서 가장 중요한 내용은 무엇이라고 생각하나요?

3 오누이는 해님과 달님이 되었어요. 어떻게 되었는지 그 과정을 써 보세요.

해님 달님을 통한 한국 문화 이해하기

1 이 이야기에는 '떡'에 관한 이야기가 많이 나옵니다. 이 떡은 한국 문화 중 어떤 문화에 해당하는지 설명해 보세요.

2 해님 달님에서는 다양한 한국 문화가 나옵니다. 그 문화들 가운데 여러분은 어떤 문화가 가장 마음에 들었나요? 그 한국 문화가 왜 마음에 들었는지 이유도 써 보시기 바랍니다.

1 오누이: 오라비와 누이를 아울러 이르는 말(남매).

2 마을: 여러 집이 모여 사는 곳.

3 자녀: 아들과 딸을 아울러 이르는 말.

4 동네: 사람들이 생활하는 여러 집이 모여 있는 곳.

5 잔치: 기쁜 일이 있을 때에 음식을 차려 놓고 여러 사람이 모여 즐기는 일.

6 소쿠리: 대나 싸리로 엮어 테가 있게 만든 그릇.

7 떡: 곡식 가루를 찌거나 그 찐 것을 치거나 빚어서 만든 음식을 통틀어 이르는 말.

8 밀가루: 밀을 빻아 만든 가루.

9 목소리: 목구멍에서 나는 소리로 성대를 막거나 마찰하여 내는 소리.

10 옥황상제: 흔히 도가(道家)에서, '하느님'을 이르는 말.

표를 바탕으로 알맞은 내용 작성해 보기

1 의생활:

2 식생활:

3 주생활:

4 언어생활:

5 가정생활:

6 종교:

1 '-는데'

이 문법은 배경이나 상황 제시를 나타내는 연결 어미이다.

동사나 형용사, '-이다, 아니다'에 붙어 사용되며, 뒤 절의 사실에 대해 앞 절이 배경이 되거나 상관되는 상황이 됨을 나타낸다.

그리고 뒤 절에서 서술하거나 질문하거나 제안하기 전에 관련 배경이나 상황에 대해 설명할 때 주로 사용한다.

연습

· 졸업식에서 동료들과 함께 사진을 (찍었는데) 눈을 감고 말았어요.

· 나는 요즘 한국어를 (공부하는데) 어렵지만 정말 재밌어요.

· 눈이 (많이 내렸는데) 택시를 타기로 해요

· 한옥 마을에 (방문했는데) 한국의 전통이 많이 느껴졌어요.

> 도끼가 있으면 쉽게 올라갈 수 있지.

② '-ㄹ 수 있다'

이 문법은 어떤 일을 할 수 있는 능력이 있는 것을 나타낼 때 사용한다.

예시

· 당신은 한국어를 잘할 수 있습니까?

  네, 잘할 수 있습니다.

· 당신은 김치찌개를 잘 만들 수 있습니까?

  네 잘 만들 수 있어요.

· 당신은 운전을 잘할 수 있습니까?

  네, 잘할 수 있어요.

연습

· 저랑 주말에 (만날 수) 있습니까?

· 방학 때 한국에 (입국할 수) 있습니까?

· 공원에서 사진을 (찍을 수) 있습니까?

· 여기서 택시를 (탈 수) 있습니까?

글쓰기

1. 여러분이 이 동화를 읽고 느끼게 된 점과 동화를 통해 배우게 된 것을 자유롭게 써 보세요.

1 마인드맵(생각 나무 활용) 그려 보기

2 마인드맵의 어휘를 사용하여 장문으로 작성하기

2. 여러분이 이 동화에서 배우게 된 교훈은 무엇인지 자유롭게 써 보세요.

해님 달님 속 한국 문화 정리

해님 달님에서 오누이는 사이좋게 해와 달이 된다. 해와 달이 되어 사람들을 비추는 일명 해피 엔딩으로 끝을 맺는다. 이때 호랑이는 썩은 동아줄을 잡아 떨어지고, 호랑이가 떨어진 곳이 수수밭이었다. 호랑이의 피 때문에 수수는 붉게 물들어 버리고 말았다.

해님 달님은 수수의 기원담이라고 볼 수 있으나 사실 수수는 청동기 시대부터 농사가 지어져 왔다. 청동기 시대부터 밭에서 재배를 하던 대표적인 곡식 중 하나로 꼽힌다. 농사는 한반도에서 굉장히 중요한 경제 활동 중 하나였다. 최초의 농사책인 "농사직설"은 한국에 맞는 맞춤형 농사를 짓는 방법을 작성해 놓은 책으로 시기와 토지에 따라 다른 농사법이 들어 있다.

"농사직설"이 나오기 전에는 중국에서 쓴 책들이 대부분이었기 때문에 우리나라 토지와 기후에는 맞지 않았다. 그래서 농사꾼들은 열심히 농사를 지음에도 좋은 결과를 얻지 못하는 경우가 많았다. "농사직설"은 벼농사 수확량을 늘릴 수 있는 이앙법이 적혀 있는 등 생각보다 더 과학적이고 현대적인 방법이 쓰여 있는 것을 확인할 수 있다. "농사직설"은 백성들의 성공적인 농사를 위해 작성되었지만, 한자로 적혀 있어 백성들이 읽기 어려웠고 결국 관리들이 읽고 설명을 해 주는 구조로 운영되었다고 한다.

"농사직설"에서도 수수가 발견되는데 수수는 한국 농경 사회에서 중요한 농사 품목 중 하나였음을 확인할 수 있다. 전래 동화에서 계속적으로 농사와 관련된 이야기가 언급되는 것을 통해 한국이 농경 사회를 오래 유지해 온 것을 유추해 볼 수 있다. 또한 해님 달님에서 주목해야 하는 부분은 해와 달에 대한 구비 문학이라는 점으로 주인공이 해 또는 달이 되는 이야기는 전 세계적으로 꼭 하나씩 전해 내려오기 마련이다. 해님 달님을 읽을 때 비슷한 설화를 가진 해외 사례를 함께 찾아보고 비교해 보면 각 나라의 문화를 이해할 수 있어 더 재밌게 즐길 수 있다.

생각해 보기

1 해님 달님과 비슷한 전래 동화를 알고 있는 게 있나요?

2 최근 "농사직설"을 다시 출판한다면 어떤 농사법을 추가할 수 있을까요?

제8과

주몽 신화

학습 목표

1 내용적인 부분

한국의 전근대사와 같은 역사 문화를 이해할 수 있다.

2 문법적인 부분

본문에 나오는 "용서할 수 없다." 예문을 통해 '- 수 없다'와 '-수 있다'의 한국어 문법을 이해할 수 있다.

3 학습 대상

본 학습은 외국인 학습자 중 한국어 능력 4급 이상인 학습자를 대상으로 하며, 외국인 중학교 이상부터 대학생을 대상으로 학습을 진행하고자 한다.

주몽 신화 개요

1. 핵심 등장인물

1 해모수

천제의 아들로 인간 세상을 다스리고 강의 신 하백의 딸 '유화'와 사랑에 빠져 아들인 주몽을 얻게 된다. 해모수는 유화가 주몽을 임신 중일 때 떠난다.

② 유화

강의 신 하백의 딸로 잠시 나들이를 나왔다가 인간 세상을 다스리는 해모수를 만나 사랑에 빠져 주몽을 잉태한다. 해모수가 떠난 후 홀로 부여 금와왕을 따라가 주몽을 낳고 기른다.

③ 주몽

고구려 시조로 천제의 아들 해모수와 강의 신 하백의 딸 유화 사이에서 태어났다. 아버지 해모수가 떠난 후, 어머니 유화가 부여에서 홀로 낳았으며 성장 후 부여 왕자들의 계략으로 도망친 후 졸본에 '고구려'를 세운다.

④ 부여 왕자들

부여 금와왕의 아들들로 아버지가 데려온 유화의 자식 주몽이 뛰어나자 시샘해 해치려고 시도하며 주몽이 부여를 떠나게 만든다.

2. 핵심 내용 및 관련 내용

주몽에서 천제의 아들 해모수는 땅으로 와서 유화와 인연을 맺게 된다. 그러나 해모수가 사라져 버리고, 유화는 하백에게서 쫓겨나게 된다. 태백산에서 돌아다니던 유화는 부여의 금와왕을 만나게 되고 금와왕은 유화를 별궁에서 거처하도록 한다.

그곳에서 유화는 왼편 겨드랑이로 알을 낳게 된다. 금와왕은 사람이 알을 낳은 것을 이상하게 여겨 그 알을 마목에 가져다 놓았다. 그러나 말들은 그 알을 밟지 않고 잘 보살폈다. 바로 그 알에서는 주몽이 나온 것이다. 주몽은 한 달이 채 되지 않아 말을 하는 천재였다. 주몽이라는 이름은 활을 잘 쏘아서 갖게 된 이름이다.

주몽 신화 속 한국 문화

대분류	중분류	교수 내용	동화 내용
일상생활	여가생활	한국의 대표적인 여가활동	사냥 대회
	언어생활	한국에서 자주 쓰이는 관용·비유 표현	주몽 (활을 잘 쏘는사람이라는 뜻)
가치관	사고방식	유교 사상	아버지 허락 없이 사랑을 약속해 내쫓은 하백의 행동
	종교	한국의 민간 신앙	하백, 해모수 등 신적 인물
			알에서 탄생
			물고기와 자라 떼의 다리
역사	시대	한국의 전근대사	고구려
			부여
	인물	한국의 역사적 인물	주몽
풍습	관혼상제	한국의 연애 문화	한눈에 반한 유화와 해모수

옛날 옛적 한반도에서 '부여'가 힘이 강한 시절이었습니다. 이때 강의 신인 하백의 딸 유화는 하늘에서 내려온 해모수와 한눈에 사랑에 빠졌습니다. 해모수는 천제의 아들로 인간 세상을 다스리고 있었습니다. 그러던 중 미모가 빼어난 유화를 우연히 본 해모수는 한눈에 반했고 유화와 사랑을 약속했습니다.

하지만 해모수는 유화와 약속을 지키지 않고 짧은 만남을 뒤로하고 사라져 버렸습니다. 홀로 남은 유화는 다시 아버지 하백에게 찾아갔지만, 하백은 그동안 있었던 일을 듣고 크게 화를 내며 유화를 내쫓아 버렸습니다.

"너는 하백의 딸이면서 모르는 남자와 사랑에 빠지다니, 용서할 수 없다. 너는 이제 내 앞에서 썩 사라지거라."

하백은 사랑하는 딸이지만 본인에게 아무런 말도 없이 외간 남자와 사랑에 빠졌던 유화를 용서할 수 없었답니다.

같은 날 부여의 왕 금와왕은 태백산 남쪽을 돌아보고 있었습니다. 두루 살피던 금와왕 눈에 봇짐을 끌어안고 눈물을 흘리는 유화가 들어왔습니다. 금와왕은 유화를 지나치지 못하고 말을 건넸습니다.

"어찌 너는 아무도 지나가지 않는 이 외진 길에 혼자 있는 것이냐?"

유화는 고개를 조아리고 말을 이어 갔습니다.

"저는 강의 신 하백의 딸입니다. 이름은 유화고 아버지에게 쫓겨나 여기까지 왔습니다."

유화는 그동안 해모수와 있었던 일을 금와왕에게 이야기했습니다.

"저와 사랑을 약속했던 해모수는 그 길로 저를 떠나 버렸고, 저는 혼자가 되었습니다."

이야기를 다 들은 금와왕은 유화를 딱하게 여겼습니다.

"정 갈 곳이 없다면 나와 함께 궁으로 가자꾸나."

금와왕은 유화를 말에 태워 궁으로 돌아왔답니다. 그날 이후 유화는 갑자기 신비로운 일을 경험했습니다. 잠을 자던 어느 날 쨍한 햇빛이 유화를 감싸 안았습니다. 그리고 며칠 뒤 유화의 배가 불러 오더니 임신이 되었답니다.

"분명 이는 해모수의 아이다."

유화는 비록 자신을 떠나갔지만 사랑을 약속했던 해모수를 떠올리며 배 속의 아이가 해모수의 아들임을 확신했습니다.

시간이 흘러 유화가 아이를 낳을 시기가 왔습니다. 유화는 출산을 하게 되었습니다. 정확히는 아이가 아닌 커다란 알을 낳았답니다.

금와왕은 유화가 알을 낳았다는 소식을 들었습니다. 사람이 아닌 알이 태어났다는 소식을 듣고 금와왕은 굉장히 놀라며 그 알은 불길하니 버리라고 명령을 내렸습니다.

하지만 그 알을 깨거나 버리고자 했던 사람들은 한 명도 성공을 하지 못했습니다. 멀리 산속에 알을 내다 버리고 살펴보니, 산에 사는 동물들이 하나씩 모여들어 알을 보호하고 심지어 감싸 주는 행동을 하는 등 놀라운 행동을 보였습니다.

결국 금와왕은 커다란 알이 보통 알이 아님을 인정하고 궁으로 다시 가져왔답니다. 유화의 품으로 돌아온 알은 며칠이 있다 쩍 소리와 함께 갈라졌습니다. 알에서는 건강한 사내아이가 들어 있었답니다.

유화는 자신의 아들을 안으며 건강하게 자라길 기도했습니다. 유화의 기도 때문인지 아들은 건강하게 자랐고 심지어 총명하고 재주가 많았습니다.

유화의 아들은 어린 나이 때부터 활을 잘 쏘기로 유명했습니다. 말 타는 솜씨 또한 뛰어나 사람들은 이 사내아이에게 '주몽'이라고 이름을 붙여 주었습니다. 주몽이란 활을 잘 쏘는 사람을 일컫는 말이었는데 유화의 아들이 너무나도 활 솜씨가 뛰어났기 때문에 주몽이라 불리기 시작했답니다.

주몽이 너무 뛰어난 탓인지 궁 안과 밖에서 주몽을 칭송하는 사람들이 많이 생겼습니다. 그가 재주가 많고 총명해 임금으로도 손색이 없다는 이야기도 돌기 시작했죠. 주몽이 주목을 받을 때마다 금와왕의 왕자들은 불쾌함을 감출 수가 없었습니다. 왕자들은 어릴 때부터 주목을 받아 온 주몽이 너무나 미웠고, 주몽을 질투하기 시작했답니다.

하지만 이런 상황을 주몽도 알고 있었습니다. 금와왕의 왕자들이 주몽을 괴롭히기 시작했고 심지어 그에게 마구간 말을 관리하도록 명을 내리기도 했습니다. 그래서 주몽은 목숨을 구하기 위해서 부여를 떠나야겠다는 생각을 했습니다. 그러나 어머니 유화를 생각하면 혼자 도망칠 수 없었기 때문에 고민이 되었답니다.

고민 끝에 주몽은 우선 좋은 말을 얻기 위해 마구간으로 향했습니다. 마구간에서 제일 좋은 말을 하나 골라 그 말의 혀 뒤에 살짝 가시를 넣어 뒀습니다. 하루가 다를수록 좋은 말은 말라 가기 시작했고, 결국 볼품없어 보이기까지 했습니다. 반면 좋지 않은 말에게는 먹이를 잔뜩 주어 살을 찌워 건강하게 보이도록 만들었답니다.

한편 금와왕은 주몽과 왕자들에게 사냥 대회를 제안했습니다. 그리고 그동안 마구간 말을 잘 돌본 주몽에게 상을 내리기로 했습니다.

"주몽아, 너에게 말을 한 필 선물로 줄 테니 하나 골라 보거라."

주몽은 마구간으로 가서 제일 빼빼 마른 명마를 골랐습니다.

"아니, 저렇게 볼품없는 말을 왜 골랐느냐? 좋은 말이 많으니 다시 골라 보거라."
"아닙니다. 저는 이 말을 잘 키워 보고 싶으니 허락해 주소서."

금와왕은 제일 마른 말을 고른 주몽이 의아스러웠으나 직접 키워 보고 싶다는 그의 말이 기특해 허락했습니다.

주몽은 그때부터 입 속에 숨겨 둔 가시를 빼 말을 매일 돌보았습니다. 빗질을 해 주고 매시간 먹이를 챙겨 주는 등 온 힘을 다해 말을 돌보았습니다. 말은 하루가 다르게 털에서 윤기가 흘렀고 예전의 명마 모습을 되찾기 시작했습니다.

그리고 대회가 시작되었고 주몽은 그동안 진심을 다해 보살폈던 자신의 말을 마구간에서 꺼내어 왔습니다. 사냥이 시작되자 주몽의 말은 펄펄 날았고 주몽 또한 자신의 활 재주를 뽐내며 1등을 하게 되었습니다. 주몽이 화살을 쏘면 모두 백발백중이었기 때문에 주몽은 다시 한번 활 솜씨를 선보이게 되었답니다.

이날 이후 다른 왕자들은 주몽을 제거해 버리자고 모의를 시작했습니다. 그가 너무 뛰어났기 때문에 왕자들이 불안함을 느끼고 있었습니다.

"분명 좋지 못한 말이었고 우리가 수를 써 주몽에게는 적은 화살이 갔다. 그런데도 그는 일등을 했어. 나중에 우리 목숨도 부지하기 어려울 수 있으니 없애 버리자."
"좋습니다, 형님. 그럼 우리 오늘 밤 주몽 그 녀석을 없애 버려요."

우연히 길을 가다 왕자들의 모의를 들은 유화는 깜짝 놀랐습니다. 그 길로 주몽에게 뛰어가 이 사실을 이야기해 주었습니다.

"주몽아, 이제 너는 이곳을 떠나거라. 지금 금와왕의 아들들이 너를 죽이려고 한다."
"어머니! 어머니를 두고 어떻게 혼자 갑니까?"
"나는 강의 신 하백의 딸이니 금와왕이 함부로 할 수 없다. 내 걱정은 하지 말거라."

주몽은 어머니를 뒤로하고 서둘러 궁을 빠져나왔습니다.

주몽이 한참 말을 타고 달려 큰 강 앞에 섰습니다. 금와왕의 왕자들도 주몽이 궁을 빠져나갔다는 이야기를 듣고 서둘러 군사를 이끌고 따라갔습니다. 왕자들은 무서운 속도로 주몽을 추격했고 곧 주몽이 붙잡히기 바로 직전이 되었습니다. 주몽은 왕자들이 군사를 이끌고 오는 것을 보자 고민에 빠졌습니다.

도저히 강을 건널 수 없었기 때문에 주몽은 이러지도 못하고 저러지도 못하며 강을 건널 방법을 찾았습니다. 주몽은 결심이라도 한 듯 강 앞에 서 큰 소리로 외쳤습니다.

　"강의 길을 여시오. 나는 하늘의 아들인 해모수와 강의 신 하백의 딸 유화 사이의 아들 주몽입니다. 지금 왕자들에게 쫓겨 목숨이 위험한 상황입니다. 제발 도와주시오. 길을 열어 주시오."

　주몽의 외침이 끝나자 놀라운 일이 생겨났습니다.

　엄청나게 깊고 잔잔하던 강이 부르르 기지개를 켜듯 흔들리더니 물속에서 엄청난 자라 떼가 나타났습니다. 자라들은 일사불란하게 움직이며 징검다리처럼 등껍질을 올려 보였습니다. 뒤이어 많은 물고기가 뛰어오르며 자라처럼 다리를 만들어 주었답니다. 주몽은 그 모습을 보고 얼른 말에 올라타 물고기와 자라를 밟아 강을 건너기 시작했습니다.

　그 모습을 지켜본 왕자들은 군사들에게 소리쳤습니다.

　"지금이다! 지금 물고기와 자라가 다리를 만들었으니 얼른 가 주몽을 잡아 와라."

　왕자들의 군사들은 고함을 치며 강을 향해 뛰었습니다. 병사들이 물고기와 자라를 밟아 주몽을 따라가려고 하는 그때, 모두 우르르 강에 빠지기 시작했습니다.

　"으악!"
　"살려 주세요!"

물고기와 자라 떼가 흔적도 없이 사라졌기 때문이에요. 주몽처럼 물고기와 자라를 밟아 강을 건너려던 군사들은 모두 강에 빠져 떠내려가 버렸습니다.

"모두 멈춰라!"

왕자들은 이미 강을 다 건너 사라져 가는 주몽을 보며 이를 갈았습니다.

"남은 군사들은 다시 부여로 돌아간다."

주몽을 놓쳐 아쉬웠지만 큰 강을 건널 재간이 없던 탓에 부여로 다시 돌아올 수밖에 없었답니다.

그렇게 부여를 빠져나온 주몽은 달리고 달려 '졸본'이라는 곳에 도착하게 되었습니다. 졸본에 도착한 주몽은 그곳이 무척 마음에 들었고 나라를 세웠습니다.

주몽은 나라 이름을 '고구려'라고 지었고 '고' 씨를 성씨로 삼아 나라를 강하게 키워 냈습니다. 고구려는 이후 부국강병을 이루며, 강성한 나라로 자리 잡았답니다.

1. 이 동화의 주인공 및 등장인물 이해하기

1 이 동화에 등장하는 주인공은 중 가장 핵심 인물은 누구라고 생각하며, 그 이유는 무엇인가요?

2 여러분은 이 동화에서 가장 관심 있는 등장인물이 누구인가요?

3 여러분은 이 동화의 등장인물 중에서 어떤 인물이 되고 싶은가요?

2. 사건이 일어난 장소 및 배경

1 이 동화에서 사건이 일어난 장소는 어디라고 생각하나요?

2 이 동화에서 사건은 왜 일어나게 되었나요?

3 여러분은 이 동화의 주요 사건에 대해 어떻게 생각하나요?

3. 전래 동화의 배경 이해하기

1️⃣ '주몽'이라는 제목을 보고 무엇이 느껴졌는지 설명해 보세요.

2️⃣ 사건의 배경은 무엇인지 설명해 보세요.

3️⃣ 주몽은 어떻게 알에서 태어나게 되었는지 자세히 써 보세요.

표를 바탕으로 알맞은 내용 작성해 보기

1 여가생활:

2 언어생활:

3 사고방식:

4 종교:

5 시대:

6 인물:

7 관혼상제:

동화를 통해 문법 익히기

1 '- 수 있다'

'- 수 있다'는 동사와 결합한다. 이 문법은 형용사나 '명사 + -이다'와는 결합할 수 없다.

또한, 주로 능력이나 가능성을 표현할 때 사용하는 문법으로 이런 의미로는 자주 사용하는 동사를 활용하여 연습하면 좋다.

예시

· 당신은 운전할 수 있어요?

· 당신은 짠 음식을 먹을 수 있어요?

· 당신은 이 수학 문제를 풀 수 있나요?

연습

· 나는 운전 (경험이) 있다.

· 나는 매운 음식을 (먹을 수) 있다.

· 나는 이 어려운 문제를 (해결할 수 있는 능력이) 있다.

2 ' - 수 없다'

예시

· 당신은 이 문제를 풀 수 없나요?

· 당신은 운전할 수 없나요?

· 당신은 영어를 할 수 없나요?

연습

· 나는 이 문제를 (해결할) 수 없다.

· 나는 운전을 (해 본 적이) 없다.

· 나는 영어를 (할) 수 없다.

1. 여러분이 이 동화를 읽고 느끼게 된 점과 동화를 통해 배우게 된 것을
   자유롭게 써 보세요.

1️⃣ 마인드맵(생각 나무 활용) 그려 보기

2 마인드맵의 어휘를 사용하여 장문으로 작성하기

2. 여러분이 이 동화에서 배우게 된 교훈은 무엇인지 자유롭게 써 보세요.

주몽 이야기 속 한국 문화 정리

드라마 '주몽'은 지난 2006년 5월부터 2007년 3월까지 MBC 방송사에서 방영된 인기 드라마다. 최고 시청률이 49.7%를 기록할 만큼 전 국민의 사랑을 받은 인기 드라마로 지금까지 손꼽히고 있다.

드라마는 고조선 멸망 시기부터 고구려 건국 시기까지 이야기로, 고구려 시조 주몽의 일대기를 그리고 있다. 당시 인기가 좋던 연예인들이 출연진으로 나왔고 내용 또한 탄탄해 이후 해외로 수출되어 주목을 받기도 했다. 드라마 '주몽'은 역사적으로 중요한 인물인 주몽을 다루면서, 그동안 진지하고 무거웠던 사극이 아닌, 퓨전 사극의 매력을 한껏 뽐냈다. 그리고 고대 시대가 배경이다 보니 시청자들의 흥미를 이끌어 내기 충분했다.

드라마 '주몽'을 보면 화려한 의상 색채가 돋보이는데 인물에 따라 의상 특징이 다 달라 의복 문화를 엿볼 수 있다. 현대인들이 입는 의복과는 색채와 스타일이 달라 비교해 보면 더 재밌게 드라마를 즐길 수 있다. 인물에 따라 의복 스타일이 다른데, 의복은 극 중 인물의 성격이나 성별, 신분, 지위, 취미, 가치관, 심리적 상태 등을 표현할 수 있어 극 중 인물 파악에도 결정적인 역할을 하곤 한다(유미진, 2007). 드라마를 보면 역할에 따라 두드러지는 차이점을 확인할 수 있다.

특히 이란은 2016년 '주몽' 드라마에 주목했고, 인기 드라마 '대장금'과 함께 '주몽'은 이란에서 큰 인기를 기록했다. 2022년에는 한국과 이란이 수교 60주년 기념행사를 주최했는데 '주몽'드라마가 바로 그 토대를 닦았다고 볼 수 있다. 실제로 과거 외교 석상에서 '주몽 외교'라는 말이 공식적으로 언급될 정도로 '주몽' 드라마는 K-드라마에서 큰 비중을 차지했었다. K-pop 열풍이 불면서 지금은 드라마뿐 아니라 아이돌 가수와 영화도 인기를 끌고 있고 국가 또한 아시아를 넘어 유럽, 미국 등 범위가 넓어졌다. 앞으로도 K-드라마의 한국 문화는 해외로 수출되어 퍼져 나가 우리나라는 문화 강국의 중심을 지킬 수 있을 것이다.

생각해 보기

1 드라마 '주몽'에서 가장 두드러지는 문화는 어떤 것이 있을까요?

2 주몽의 영웅적 면모에 대해 이야기해 보세요.

1 국제 통용 한국어 표준 교육과정 적용 연구, 2017

2 국립국어원 우리말샘

쉽게 읽는 전래 동화를 통한 한국 문화

1판 1쇄 발행 2023년 9월 11일
지은이 이지현

교정 주현강 **편집** 윤혜원 **마케팅·지원** 김혜지
펴낸곳 (주)하움출판사 **펴낸이** 문현광

이메일 haum1000@naver.com **홈페이지** haum.kr
블로그 blog.naver.com/haum1000 **인스타** @haum1007

ISBN 979-11-6440-419-3(03300)

좋은 책을 만들겠습니다.
하움출판사는 독자 여러분의 의견에 항상 귀 기울이고 있습니다.
파본은 구입처에서 교환해 드립니다.